组织致胜

成就人事并重的高效能组织

樊力越 ◎著

机械工业出版社
CHINA MACHINE PRESS

在时代大变局的背景下，企业的发展越来越依靠内生动力。不管是追求卓越运营，还是以创新为驱动，更好地激发人的活力，让人能发挥所长、高效协同，都是实现更大组织效能的关键。而要做到这一点，企业就必须构建良性的组织环境。本书以经营周期中不同业务阶段的组织动作为主线，以构成组织的核心要素如组织架构、组织机制、组织文化、人才等为辅线，聚焦于帮助管理者提升组织管理和组织建设的实战能力。本书希望能为管理者思考如何建设面向未来的组织带来一些启发。

图书在版编目（CIP）数据

组织致胜：成就人事并重的高效能组织 / 樊力越著.

北京：机械工业出版社，2024．8．— ISBN 978-7-111-76221-8

Ⅰ．F272.92

中国国家版本馆 CIP 数据核字第 2024Z40E85 号

机械工业出版社（北京市百万庄大街 22 号　邮政编码 100037）

策划编辑：孟宪勐　　　　　　　　　责任编辑：孟宪勐　刘新艳
责任校对：张慧敏　王小童　景　飞　责任印制：李　昂
河北宝昌佳彩印刷有限公司印刷

2024 年 10 月第 1 版第 1 次印刷

170mm×230mm・14.25 印张・1 插页・170 千字

标准书号：ISBN 978-7-111-76221-8

定价：79.00 元

电话服务　　　　　　　　　　网络服务

客服电话：010-88361066　　　机　工　官　网：www.cmpbook.com
　　　　　010-88379833　　　机　工　官　博：weibo.com/cmp1952
　　　　　010-68326294　　　金　书　网：www.golden-book.com
封底无防伪标均为盗版　　机工教育服务网：www.cmpedu.com

| 前　言 |

　　适应良好的物种并非起源于上天特别赋予、创造的本能，而是因为一种普遍法则的多次小影响，造成所有生物的进化，让最强者生存，最弱者死亡。

—— 达尔文《物种起源》

　　我们所处的这个时代是一个大变局的时代。

　　在过去的几年里，全球范围的政治、经济、科技都发生了深刻变化，这些变化让企业所处的外部环境变得和以前很不一样，企业的增长动力、经营模式、管理逻辑正随着这些变化而发生巨大的改变。

　　过去三四十年经济快速发展，形成了一个巨大的增量市场。在这样的市场里竞争，靠的是找准机会，拼的是大干快上，追求的是做大规模。在这样的增长逻辑下，企业容易出现对短期效益的关注大于长期价值，对推进业务的关注大于组织建设。业务的快速增长也让很多业务能手快速转变成为管理者，从靠自己单打独斗拿结果，到依靠团队拿结果，这是完全不同的两件事。

在现实场景里，管理者往往会受到组织问题的困扰，如战略自上而下的一致性问题、协同问题、效率问题、员工活力问题等。当打顺风仗的时候，好业绩会掩盖一些组织问题，一旦遇到逆风，组织就变得很脆弱，离心力大于向心力，业务发展也变得愈加艰难，这是相当多的企业面临的一个挑战。

正如自然界的物种进化一样，每次环境的巨大变化都会导致大批物种消亡，但是也有一些适应力强的物种会存活下来，进化成新的物种。企业也一样，如果在环境变化的过程中能够主动应变、扬长避短、做强内功，就会变得更加强大。正如尼采所言："那些杀不死我的，必使我更强大。"

我对组织的观察和理解是从过往的职业经历中逐步积累起来的。大学毕业后我的第一份工作是在北京大学计算机研究所，在著名计算机科学家、国家最高科学技术奖获得者王选教授的带领下参与国家重点科研项目的研发。在研究所的工作可以看成我大学生活的延续，这个时期我对组织的感知是非常简单的，基本上就是学生对学校的感知。

之后在惠普工作的 10 年多时间里，我的角色从技术工程师、项目经理、业务经理，一直到企业学院的执行院长。在这个过程中，我不仅经历了从员工到管理者的转型，也经历了从技术专家到组织和人才发展专家的职业赛道转换。尤其是在负责惠普管理学院这一外向型企业大学相关工作的过程中，有机会和大量的优秀企业开展组织和人才发展方面的合作。这些合作让我有机会近距离地观察处于不同行业、不同发展阶段的企业在组织和人才方面面临的挑战，并且能够参与到解决这些问题的过程中。

　　加入万达之际，正是万达进入全国化发展的阶段。我作为主持日常工作的副院长，从招聘万达学院的第一位员工开始，直至搭建完整的人才培养体系，后来又逐渐延展到知识管理、绩效改进、文化建设等组织发展的相关领域。这段经历除了让我深刻体会到不同企业在管理理念、管理方法上的巨大差异，也让我看到快速成长型企业在发展过程中碰到的诸如人才短缺、文化摩擦、流程制度亟待完善这类共性问题，在解决这些问题的过程中也加深了我对组织和人才问题的现场感。

　　之后我加入阿里巴巴，正值阿里巴巴成立 20 周年，公司举行了盛大的庆祝活动，也完成了创始人与 CEO 的交接。在接下来的几年里，随着内外环境的变化，阿里巴巴也主动发起了很多组织变革项目，比如企业文化升级（新六脉）、组织架构调整、经营责任制、推行 OKR（Objectives and Key Results，目标与关键成果法）、优化考核机制等。除了这些集团级的变革项目，各个 BG（业务集团）也会根据自身的情况不断调整自身的组织和人才策略。这个阶段的工作让我更加体会到商业环境、业务战略、组织和人才策略之间的耦合关系。业务决定组织，组织成就业务，业务和组织是一体两面，抓组织工作就是抓业务。

　　在工作的同时，我也先后在北京大学国家发展研究院和教育学院攻读了工商管理的硕士学位和教育管理学博士学位，希望能够在理论和实践之间相互补充和校验。

　　在这些学习和实践的基础上，我形成了（或继承了）如下几个基本理念，这些理念也是指导本书内容的中心思想。

（1）业务出现的问题往往是组织问题导致的。

企业在自身的使命、愿景、价值观的指引下，制定长期发展战略，而企业战略也决定了企业的组织设计，也就是先有战略，再有组织。如果战略和组织是"两张皮"，那么再好的战略也难以得到有效的组织支撑，战略目标也难以实现。

现实中的情况往往不是企业没有战略，也不是战略的质量有问题，而是战略的执行出现问题。畅销书《从优秀到卓越》《基业长青》的作者吉姆·柯林斯（Jim Collins）曾经带领一个团队花费数年时间做了实证对比研究，得出一个结论："有没有战略不是区分成功企业和平庸企业的标准，有效实施战略才是企业制胜的关键。"

让战略能够被有效执行的能力就是组织能力，也就是说，战略是组织的灯塔，而组织是战略的底座。构成这个底座的关键支柱是组织架构、机制、文化、领导力、人才这些组织要素。同样的环境下，组织之间的差异在于内因，这是决定组织成败的关键。

（2）组织是一个复杂的系统，组织的价值是让总体效能大于局部之和。

在人类经济活动的早期，一个家庭甚至个人就可以视为一个独立的生产单位。随着社会大分工的深入，个体经济逐渐被社会化大生产所取代，企业成为社会的主要生产单位。通过给不同技能的人分配不同的任务，然后相互协作进行生产，实现了比分散的个体劳动更高的效率，让生产资源的价值最大化。正如经济学之父亚当·斯密（Adam Smith）在《国富论》中讲的一个扣针工厂的例子：一个工人无论如何努力，也无法在一天生产 20 枚扣针，但经过 18 道工序分工后，平均每人每天可以生产 4800 枚扣针。1+1 > 2，这也是企业组织的核心价值所在。

企业是由人组成的，同样一件事，不同的人去做，结果可能完全不一样。这也导致在日常管理中，管理者或 HR 往往更关注"人才"。人才的价值毋庸置疑，实证研究也证明了"优秀人才的产出效率是一般员工的 3 ～ 4 倍"，对于创意类工作这个倍数甚至更高。麦肯锡公司发布的"人才战争"调查报告更是大大强化了人才导向的风潮。报告认为，"最好"的公司都是对人才痴迷的公司。"它们从最好的学院中雇用最好的毕业生，支付给他们优厚的签约金以及远高于其他人的薪水。"结果导致很多组织将组织诊断变成了人才测评，组织能力建设变成了人才建设，组织出现问题也归咎于人才问题。

系统组织理论奠基人切斯特·巴纳德（Chester Barnard，1886—1961）强调过构成组织的两大要素，一个是"人"，另一个是"人与人之间的互动关系"。只有好的人才还不够，这些人才必须能够充分施展才华，同时彼此之间能够做到高效协同，这样的组织才是一个高效能的组织。而要想让这种良好的互动关系发生，就需要组织土壤的支撑。

就像在体育比赛中会出现缺少大牌球星的"二流球队"战胜明星云集的"超级球队"一样，全明星队不等于冠军队，个人能力再强，如果不能很好地相互配合，不能坚决地执行球队的策略，就很难赢得比赛。

组织效能不是个人能力的简单累加，如果公司只是专注在人才上，而没能理解并投入组织工作，培育让人才充分发挥价值的组织土壤，那么日积月累的管理欠账必然会严重束缚自身的竞争优势。

戴维·尤里奇（Dave Ulrich）在《赢在组织》中谈道："我

们认为，如果对人才的关注被过分强调，那么人力资源对业务结果的影响力反而会被削弱。这种人才导向的脆弱性在于它过度关注个人贡献。"

这并不是说公司应该放松对人才的关注，这里所强调的是，组织土壤至关重要。人才还可以高价获取，而组织土壤却难以复制，只能靠自己一点一滴培育。只有不断增加土地的肥力，才有可能结出累累硕果。处于同行业的竞争对手，每年招到的人才是大致相同的专业人才，然而企业的业绩却有高有低。关键因素不是你能拥有的人才，而在于你拥有了人才之后，你能让他们做些什么，这便是一个组织层面的问题了。

好的组织土壤不仅能吸引人才、长出人才，更重要的是，还能让这些人才各尽所能、发挥所长。这才是一个组织底层的、长期的核心竞争力。

（3）管理者是组织真正的一号位。

大到一个企业，小到一个一线团队，管理者才是组织真正的一号位。试想一下以下这些问题由谁来拍板，并且承担最终的后果：组织要定什么目标？组织要设计成什么样的架构？组织要塑造什么样的风气？工作中团队成员要遵守哪些规范？业务流程要怎么跑？关键岗位是哪些？招什么样的人进来？给这些人安排什么工作？如何评估这些人工作的质量？……

所有这些问题都必须由团队的一号位来判断和决策，HR 会在人力资源专业上为管理者提供支持和协助，但不能代替也无法承担管理者在组织管理上的一号位角色和职责。一位优秀的管理者，不仅要做到在业务上、专业上精通，也要具备组织管理、组织建设方面的能力。如果是企业家或者高管，组织管理能力就更为重要。不管是华为的任正非还是海尔的张瑞敏，都是组织管理的大师。管理者的组织建设、组织管理能力是团队能力的天花板。

管理者的价值产出主要体现在两个方面，一是拿业务结果，二是打造一个能孕育和保持团队竞争力的组织环境。就如吉姆·柯林斯在《基业长青》中指出的，管理者要学会"造钟"，而不是"报时"。好的组织环境可以让员工发挥创意、彼此协作、人尽其才。如果只盯着业务结果，把组织当成各种技能包的组合，把员工当成实现 KPI（关键绩效指标）的工具，这样的组织虽然会赢得一时，但不会长期制胜。

（4）组织的存在和进化都是为了更好地实现价值创造。

组织是土壤，业务是果实。好的组织可以让业务蓬勃发展，结出丰硕的成果；不好的组织会阻碍甚至扼杀业务的发展。组织的价值在于透过某种具象的业务，更加高效地为利益相关方创造价值，因此，关于组织的一切规划及管理动作，都要以战略为出发点，组织的评价也要以价值创造为标准。从广义的角度来看，组织的价值包括客户价值、组织内成员的个体成长以及企业的社会责任等多元价值。

组织管理属于社会学的范畴，社会学的基本原则是实证主义，任何结论的成立，必须依赖于这个结论得出时所处的环境条件。换句话说，环境条件变了，结论未必成立。在这个大变局的时代，如果我们只是聚焦于过去成功的组织管理实践，未必能打造面向未来的组织。基于这样的思考，我在撰写本书时，一方面试图从过去的最佳实践中找出那些基于人性的、基于常识的，在过往指导过其他组织成功"穿越"商业周期的理念和方法。另一方面，我也大量阅读和研究了国际领先的著名咨询公司在组织和人才发展方面的前瞻性报告，以了解这些头部研究机构对组织形态、管理模式、人才机制等方面所做的趋势性的分析及得出的观点，这部分收获也成为本书写作的重要输入。希望本书的内容能够和组织未来的发展趋势有共鸣，从而让读者有应对未来组织转型的准备。

在组织管理领域，大师灿若星河，典籍浩如烟海，新的理念和方法也层出不穷、风潮迭起。但是从实用主义的角度出发，作为一名团队的管理者，在如此庞杂的知识体系中应如何做到化繁为简，建立对组织相对完整的认知和理解，在实战中能够在战略制定和战略执行的不同阶段里，把握需要关注的管理节点，并且掌握该节点的重点管理动作。这对管理者而言，远比掌握多少组织理论、熟悉多少组织管理的新词汇要重要得多。帮助管理者掌握一套容易理解、容易上手的组织管理方法，让管理者除了作为业务的一号位，也能够真正担负起组织一号位的角色和职责，这是本书的主要目的。

撰写本书时，正值新冠疫情散去之际，整个社会呈现出一股积极复苏的势头。众多企业重整旗鼓，重新出发，希望本书可以在组织管理的道路上帮助管理者"打怪升级"，同时也能潜移默化地为企业的成长和发展助一臂之力。

借着撰写本书的机会，特别想感谢我的妻子 Angela 和孩子 Luca。你们的爱和支持，不管是开心时的欢笑、困难时的陪伴，还是争执时的包容……这些宝贵的生命体验是我最大的财富，也是我不断前进的动力。

| 目　录 |

| 第 1 章 |

组织管理

打造支撑业务高质量发展的强大基座

认知和把握组织管理的两条主线

什么是组织？现代管理理论创始人之一、系统组织理论奠基人切斯特·巴纳德给正式组织下的定义是"有意识地协调两个或两个以上的人的活动或力量的一种系统"。

巴纳德认为组织是一个"由人和人之间的互动关系所组成的系统"，其作用的对象是"人的活动或力量"。换句话说，"人"和"互动关系"是组织的两大组成部分；组织优劣的根本区别，在于能够多大程度激发"人的活动或力量"。

如何才能最大限度地激发"人的活动或力量"，这就需要用系统的视角，从组织本身的架构、机制、人才、领导力、文化这些要素入手，努力打造一个具有良性"互动关系"的组织环境，只有这样，才能真正发挥人才的价值。也就是说，人才是关键，环境是根本。

华为在组织理念上也体现了这一点，任正非说华为要摆脱对资金的依赖、对技术的依赖、对人才的依赖，真正要靠的是持续的管理进步，是管理架构、流程与 IT 支撑的管理体系以及对人的管理和激励机制。

打造一个优秀的组织对于业务的健康发展至关重要，但在现实中，组织痛点成为业务发展障碍的情况比比皆是。

我曾经对一家大型企业的中高层做过一次调研，调研的对象有五十多位，这些管理者基本都有十年左右的管理经验。我询问的其中一个问题是"你目前面临的最大挑战是什么"，比较集中的共性回答有"对公司业务将来到底往哪里走不清晰""部门之间协同效率差""决策流程长、速度慢""缺乏明显的核心竞争力""团队内耗、士气不振"。可以看出，这些挑战中大多数都是组织问题。

其中，"业务方向不清晰"似乎是一个业务问题，不过深入挖掘后发现，其实这家公司的总裁是有明确的业务战略的，问题出在没有和团队充分沟通并达成共识上。这也导致团队成员对这个战略方向并没有产生认同，甚至有些干部对这个战略还持有怀疑态度。试想一下，如果一家企业的员工，甚至是高层管理者，对企业未来的方向都不清楚、不坚定，那么这个组织如何做到上下同欲、力出一孔？所以表面上看起来是个业务问题，但实际上这是一个组织共谋和达成共识的能力问题。

即使这样一家非常重视组织建设和管理者赋能的公司，也深受大量组织问题的困扰，我相信，这类现象绝不是个别现象。

怎样才能让组织变得越来越好，越来越有竞争力？要回答这个问题，需要先了解一下组织是怎么形成的，以及组织是如何运转的。

当创始人创办一家公司时，其内心必然怀有某种信念，这种信念在刚开始可能是比较微弱的，但随着事业的壮大，这种信念也会成长而且愈加坚定。不管信念的内容是什么，它一定能让创始人感受到生命被召唤，值得为此长久奋斗不息。我们把这种发自内心的、根本的、认为自己为何而存在的信念，称为使命。

有了信念，就会设想未来成功时的样子，每当想到那些画面自己就会激动不已，这就是愿景。接下来，创始人会寻找合适的人组成团队，在磨合的过程中逐渐形成一套有创始人精神底色的行为模式和相处之道，组织的文化价值观慢慢成形。使命、愿景、价值观构成了组织的内在基因，它们决定了组织的视野、组织的气质，以及组织运作的基本方式。

组织是在不断循环中成长的。每个经营年度开始时，要根据市场变化情况设定经营战略和目标。为了实现这个目标，就要评估目前的队伍状况：人员的数量、能力、斗志是否足够？哪里是最薄弱的环节？如何改善？根据这些分析来制定相应的组织策略。随着业务进入执行阶段，组织的运营要确保业务的顺利推进，随时解决影响组织效能的卡点问题。在每个经营年度结束后，组织要进行整体复盘，对做得好的方面进行沉淀，对不足的方面进行改进，以促进组织不断迭代升级。

每一个年度经营周期，都是组织的一次类似 PDCA（Plan，Do，Check，Action，策划，执行，检查，行动）的循环。在这个螺旋式上升的成长过程中，有的组织变得越来越有竞争力，最终能够不断提升经营质量，扩大经营结果；有的组织却止步不前，甚至问题不断，败下阵来。

如何在每一次组织循环中，围绕业务的不同阶段，做好对应的关键组织管理动作，在支撑业务向前推进的同时，不断优化组织机能，让组织变得更好，这也是后续内容展开的核心逻辑。

组织作为一个系统，其效能是构成组织的各个要素之间相互作用的结果。组织要想运转良好，在文化、架构、机制等这些要素之间，不能顾此失彼，只重视其中某个要素却忽略其他要素，更不能让这些要素彼此冲突，比如在文化上鼓励创新，在机制上却是一言堂；在人才理念上号称以人为本，却不注重人才培养等。如果存在这些情况，组织就会出现左右互搏、功能失调，组织的效能也会大打折扣。

在组织循环的每一个阶段，只有基于组织的各个核心要素来考虑，才能做到对组织的系统规划和综合治理，这是本书的第二个逻辑。

这两个逻辑构成了横纵两条线（见图 1-1），横向展示的是基于经营周期中的不同业务阶段，开展对应的组织动作的顺序；纵向体现的是在做每一个组织动作时，分析和解决组织问题都要从核心的组织要素入手，用系统的思维综合考虑。

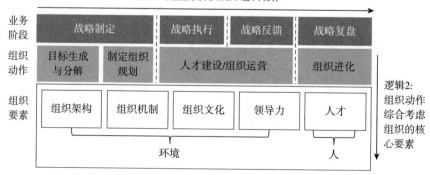

图 1-1   本书的两个逻辑

用组织的应变力对抗环境的不确定性

在当前乃至未来相当长的时期内，VUCA[⊖]环境造成的不确定性成为企业不得不面对的挑战，尤其是数字化技术的快速发展，正在重塑整个商业生态。

在这样的背景下，组织也必须不断调整自己的形态以适应环境的变化。如果我们回顾企业组织形态的变化，可以发现过去 5 ～ 10 年各种新形态的出现可能比过去几十年都多，诸如合弄制、自主经营制、扁平化组织、网络组织、无边界组织等新的治理方式和组织形态不断涌现。这实际上传递了一个信息：在一个不确定性日益增长的外部环境中，企业也在积极探索和寻找更适合未来环境的管理模式。

然而，不同企业的发展阶段、行业赛道、文化传承各不相同，一定说哪种组织管理模式是最适合未来的，是所有企业必须转型的方向，这恐怕很难成立。毕竟，这些模式仅仅是手段，不是目的。采用什么模式，取决于哪种模式更适合企业的未来战略，更有利于释放企业生产力，而不是因为某家明星企业使用了这种模式，或者某种模式比较新潮和吸引眼球，那我这家企业也就使用这种组织模式，这就本末倒置了，也不可能解决自己想解决的问题。

虽然未必有一种组织模式是普遍适用的，但面向未来，有一个特点恐怕是所有组织都需要具备的：在模糊多变的环境中，要比过去更加能够灵敏感知环境的变化，并据此调整自己的策略和战术，在对业务结果进行分析的基础上，对业务和组织进行快速迭代，从而使业务和组织更加适应环境。

⊖ VUCA：动荡性（Volatility）、不确定性（Uncertainty）、复杂性（Complexity）、混沌性（Ambiguity）。

环境与组织的互动关系如图 1-2 所示。

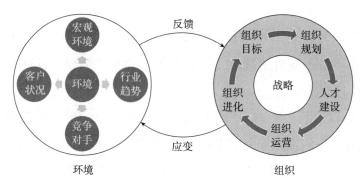

图 1-2 环境与组织的互动关系

在一个经营周期内，组织会经历五个关键阶段。

（1）组织目标。制定组织的年度目标及实现目标的关键策略。

（2）组织规划。基于要实现的目标，分析当前的组织能力是否能够支撑目标达成，分析找到需要改进和提升的方面，并设定对应的组织建设策略。

（3）人才建设。进入目标执行阶段后，管理者通过"选、用、育、留、汰"，对人才的结构、数量、质量进行调整和优化，确保人才队伍能够满足当下和未来的业务发展需要。

（4）组织运营。在目标执行过程中，管理者不仅需要机制化地定期检查目标进度，还要通过复盘、组织诊断等方法，及时发现并解决阻碍业务进度的组织卡点问题，从而确保组织运作顺畅，组织的效能达到最大化。

（5）组织进化。伴随着科技进步和商业环境的演化，组织的管理模式也需要不断进化。管理者要主动思考组织升级的方向和方法，推动组织变革，不断增强组织的核心竞争力。

这五个关键阶段环环相扣，循环往复形成一个闭环，就像一个飞轮，推动组织不断向前发展。这个飞轮运转是否良好，也决定了业务战略落地质量的高低。

对于管理者来说，把握住这五个关键阶段就把握住了组织管理和组织建设的总纲。在每个经营周期结束后，管理者也要通过复盘进行反思和改进，让组织稳中求变、以变治变，在不断变化的环境中持续成长和发展。

组织循环的五个关键阶段及重点管理动作

在组织循环的五个阶段中，有哪些重点管理动作？在操盘的时候需要关注的要点是什么？我们通过下面的框架可以先有一个整体性的了解。

组织目标

目标是凝聚团队的关键，也是一切管理动作的出发点。

设定组织的年度经营目标是年度规划中的头等大事，这个阶段的关键点如下。

1. 从战略到目标

制定目标是管理者最关键的职责之一，管理者需要在企业的中长期战略基础上，综合内外部环境因素的变化，做出有关下一年业务发展趋势的判断和决策。具体来讲，就是决定接下来一年团队要取得什么样的成就，要采取哪些关键策略，要打哪几场关键战役，具体要产出哪些可衡量的结果。目标不仅要回答下一年度我们整个团队"做什么"，还要回答"怎么做""做到什么程度"。

做什么是方向，怎么做是路径，做到什么程度是战果，这三者是一个整体，是团队开展工作的大图。

在这个环节，具体操盘时要理解和把握以下内容。

- 目标的背后是什么？使命、愿景的内涵和意义是什么？
- 战略的核心要素有哪些？战略是如何生成的？
- 如何进行战略解码，基于战略目标设定部门年度目标？

2. 目标设定和拆解

这部分将具体介绍目标设定和拆解的方法。

除了传统的自上而下设置目标，管理者也可以让下一级甚至下两级中的骨干分子参与到部门整体目标的制定过程中。通过共创的方式制定团队目标，不仅可以听到一线的声音，让团队的核心人员能掌握更全面的环境和业务信息，有利于做出更合理的分析和判断，也可以调动员工的积极性和创造性，有利于探讨业务方向和实现路径的更多可能性。

组织的大目标设定完成之后，需要把目标逐层拆解到整个团队，在这个拆解的过程中如何确保下一级的目标是拆解到位的？

首先，要确保拆解的过程不能是简单的"物理拆解"，不能只是做加减法的分摊。其次，要确保所有下级的目标达成后，上级的目标也能实现，而不是出现下级的考核目标都完成了，上一级却没有完成。最后，要确保横向部门之间的目标相互拉通，在实现目标的策略和推进计划方面，要确保彼此之间在资源上相互支持，以及在业务节奏上步调一致。

在这个环节，需要理解和掌握的内容如下。

- 把握"好目标"的标准。
- 明确目标的"来源"有哪些。
- 自上而下和自下而上两种不同的设定目标的方法。
- 对目标进行合理拆解,找到实现目标的最佳路径。
- 确保拆解后的目标彼此拉通。
- 根据目标拆解形成团队每个人的年度绩效合约。

组织规划

在组织经营目标制定完之后,接下来需要制定对应的组织策略,我们把这个过程称为组织规划。

制定组织策略的核心目的是强化能够支撑战略落地的组织核心能力。要强化组织核心能力,首先要明确这些核心能力到底是什么。明确了核心能力,再从组织的关键要素入手,制定对应的策略。这一策略也是组织在这个经营周期内的重点工作方向和内容,是组织在这一轮组织循环中成长的关键举措。

组织策略制定包括以下内容。

1. 组织能力解码

组织建设的资源始终是有限的,在任何提升组织有效性、能动性方面进行的投入,都必须聚焦在对实现战略目标杠杆作用最大的地方。如果这个聚焦点搞错了,甚至没有聚焦点,那结果必然是事倍功半。如何找到这个聚焦点?关键是找到支撑战略实现的最核心的组织能力。然后对比现状、抓大放小、分析差距,基于这些差距制定应对的策略,这就是我们所讲的组织策略。

2. 组织盘点与排兵布阵、人才盘点

明确核心能力后，如何将抽象的核心能力落到实处？这就需要从"生产关系"（重点关注组织架构）和"生产力"（重点关注人才）两个维度来看，是否与核心能力的要求匹配，如果有差距，就要分析差距在什么地方，差距有多大。

组织架构是组织内部责权利划分的体现，组织架构是为战略服务的。企业战略落地需要不同的部门根据部门职责和定位承担不同的任务，如业务战略由生产经营链条上的各业务部门承担，人才战略由人力资源部门承担，资金战略则由财务管理部门承担。

当年度战略调整时，组织架构也必然发生变化。如果一家企业的年度战略关键词是"全国化拓展"，那就需要新增区域的分公司、子公司；如果一家企业的年度战略是"聚焦主业"，那就需要把部分非主营业务进行关停并转。当然，如果一家企业的战略没有大的调整，组织架构也会保持不变。从组织架构的设置和调整上，可以直观地看出企业的战略方向和战略重点。

除能够承载战略目标之外，组织架构还要尽可能地有利于释放组织效能。组织架构里纵向的层级关系决定了汇报和决策流程、考核关系；横向的部门关系决定了不同资源的管理边界，也反映了企业内部的经营链路。横、纵两种关系的设置决定组织的"关系效能"，而关系效能是组织效能最重要的影响因素。

除了组织架构，还需要对组织的兵力进行盘点，然后排兵布阵，目的是看当前的兵力结构、兵力数量及能力素质，是否能够打赢战略所对应的关键战役。

这个模块的关注点如下。

- 基于不同战略定位进行组织能力解码的逻辑和方法。
- 组织盘点要盘点什么？如何盘点？
- 人才盘点的方法，以及如何加强对人才潜质的识别。

3. 组织形态和管理模式的发展趋势分析

随着技术进步和商业模式的演化，组织的形态和管理模式也在发生许多变化。数字化技术让组织之间的交易成本大幅降低，协同效率大幅提升。尤其是对于轻资产类的、技术驱动型的企业，原来以企业为单位、以部门为单元、以岗位为职责边界进行运作的组织模式对社会资源的使用效率优势正在减弱，而且在多变的环境中显得应变迟缓，创新不足。为摆脱固化带来的僵化，松耦合、去中心化（化整为零，分布式决策）的劳动组合方式逐渐兴起，用工形式也更加灵活。

伴随着这种新的劳动组合方式，组织的边界也变得越来越模糊。一方面，数字化技术的普及可以让身处地球不同角落的员工也能够有效协同。一个典型的现象就是，新生代工作者的"数字游牧"成为一种全新的工作/生活方式，正在全球范围内兴起。这些新的、跨地域的劳动组合方式将大大拓展组织的物理边界。另一方面，以任务为中心灵活搭建或解散团队（而不是依赖固定的组织架构），以员工能力为基础（而不是基于岗位）进行人员组合和角色分配，打破了部门边界、岗位边界的束缚，成为追求高灵活性组织的一种新的组织模式。

在未来多变且高度不确定的环境下，组织的灵活和敏捷比规模更重要，这将促使组织不得不思考如何从传统的金字塔型向扁平化、小闭环化、网状结构这些能够让生产要素流动更快、反应更敏捷的模式去演化。

这个模块将探讨不同业务类型及组织形态之间的匹配关系，包括以下内容。

- 业务类型和组织形态的对应矩阵。
- 职能型、平台型、网络型三种组织形态的特征、适用条件、优劣势分析和成功实践案例。

人才建设

人才是组织竞争力的核心构成部分。人才的数量和质量决定了团队的综合实力。但这并不意味着一定要追求"高、精、尖"的人才配置，人才策略要以公司的业务战略为出发点，围绕如何在公司战略方向上构建核心竞争力这一主题来展开。

人才配置追求的应该是适配，要避免一味追求"高配"甚至"超配"。"人才过剩"不仅是公司人力资源上的消耗，对这些"人才"来说也是一种自身价值的浪费。而且，人才密度越高的组织，实际上对组织"土壤"的要求就越高，包括管理者的成熟度、文化的开放包容度等。如果组织环境建设滞后，人才密度高就会适得其反，比如容易形成协同性差、矛盾冲突多等内耗现象，最终在人才投入上花了大价钱，却没有得到期望的团队效能和业务产出，这就像在体育比赛中经常出现的一个现象，一支由天价队员组成的全明星队，因为不能很好地协同，最后并不能拿到比赛的最终胜利。

人才建设是一个系统工程。人才的招聘、培养、选拔、激励、汰换这几个模块对于最终能否吸引和保留优秀人才，能否保持内部持续的人才供应，能否激发员工的活力，都会产生影响。换句话说，其中任何一个模块"拉胯"，都会严重影响人才建设的整体效果。

这个阶段的关注点包括以下几个方面。

- 做好人才招聘的五个步骤。
- 人才培养的关键锚点和价值链路。
- 基于双因素激励和全面薪酬理论设计人才激励与保留政策。
- 人才选拔和汰换过程中的原则和管理要点。
- 多样化劳动生态对组织人才结构的启示。

组织运营

当完成了前面的目标制定和组织规划，业务就进入了执行阶段，从组织视角来看，也进入了组织的运营阶段。这个阶段的核心任务就是通过一系列的组织保障机制来支撑业务战略高效落地。

在现实业务场景中，常常可以发现从战略到执行存在着巨大的鸿沟。很多情况下，战略的质量并不差，但到了执行阶段，就出现了执行效率低、执行不到位、执行偏差、僵化执行等各种情况，最终导致战略失败。

在战略执行阶段，有以下四种常见的组织障碍。如何克服这四大障碍，是组织管理中需要高度重视的。

- 如何让团队的目标和行动做到上下对齐。
- 如何让团队协同更加顺畅高效。
- 如何以问题为导向提升组织能力。
- 如何通过复盘和迭代让业务不断成长。

组织进化

优胜劣汰、适者生存是自然界生物进化的基本原则，这个原则同样适用于商业环境中的企业组织。

随着以人工智能、大数据、云计算等为代表的新技术浪潮的到来，企业的数字化能力、敏捷能力、创新能力、赋能能力越来越成为未来的核心竞争能力。而这些能力很难在短时期内通过"基因突变"获得，它需要在长期规划的基础上坚持不懈地努力，这是一个从量变到质变的过程。

结合过往的实践，将在第 6 章介绍两个具体案例。一个案例是头部互联网企业在敏捷组织建设的过程中，针对敏捷目标管理这个领域所做的一些探索。另一个案例是头部房地产企业在数字化组织赋能方面的实践。

组织进化的方向可能有多种，但数字化和敏捷这两个方向是其中比较确定的两个方向。通过这两个案例及对其进行的思考，希望能给管理者在以下这两个方向上的组织变革和组织进化带来一些启发。

- OKR 管理方法的实践与反思。
- 数字化赋能，随时随地解决问题。

组织循环的五个关键阶段，不是就组织谈组织，而是以业务的经营周期为基础展开，从经营周期的视角来看组织管理和组织建设。通过以组织循环圈五个连续展开的阶段为主线，以组织的架构、机制、人才等关键要素为辅线，探讨在一个经营周期内的不同阶段，组织侧需要关注的管理要点和操盘方法。

通过这样的视角，让管理者，尤其是业务管理者，能够更加理解组织和业务相辅相成的互动关系，也能够比较方便地把握在不同业务阶段所需要开展的重点组织管理动作，从而提升管理者的组织管理能力，做到左手业务、右手组织，两手都会抓，两手都过硬。

| 第 2 章 |

组织目标

制定战略实现的里程碑和关键路径

目标是组织管理的起点。组织的规模可能不同，但不管什么类型、什么规模、处于什么发展阶段的组织，制定目标都是一项核心的组织管理工作。

如何高质量地制定目标？如何让目标在整个组织内高质量地耦合衔接？如何在制定目标的过程中激发团队？要回答这些问题，首先要思考目标在组织整体运作体系中的位置（见图 2-1）和作用。

图 2-1　目标的位置

目标向上承接战略，向下开启行动，因此，目标的重要性不言而喻。好的目标是实现战略的阶段性里程碑，同时它也是排兵布阵、人才发展、机制优化等工作的基础。

使命和愿景的内涵及意义

使命的内涵和意义

目标不是凭空出现的，也不是拍脑袋想出来的。目标的背后是使命、愿景、战略。在思考如何制定目标时，首先要理解目标的源点是什么，这可以帮助我们在制定目标时能够将业务的短期价值和长期价值结合起来，确保这二者之间是一致的。

一个组织的存在，除了让资源的利用效率更高，更重要的目的是创造新的价值，而表述这一价值的主张就是组织的"使命"。

例如，阿里巴巴的使命是"让天下没有难做的生意"，这是阿里巴巴这个组织要为社会提供的价值，也是阿里巴巴存在的目的。微软的使命是"予力全球每一人、每一组织，成就不凡"，致力于用强大的技术力量，帮助每个人和每个组织成就更好的自我，简言之就是"赋能他人"，这成为微软为之奋斗的信念。迪士尼的使命是"让人们快乐"（Make People Happy），迪士尼也为此不断拓展自己的业务边界，为人们提供更加创新、更加独特的娱乐体验。

使命必须是利他的，因为只有利他的价值，才能发生价值交换。也就是说，这个组织只有为用户创造价值，并且用户愿意为这个价值买单，它才能生存和发展。创造的价值越独特、越大，收益就越明显，生存和发展的机会也越大。

使命是一个组织长期奋斗的方向，是牵引整个组织不断进取的内在动力，也是指引业务在黑暗中摸索前行的灯塔。此外，使命也起到吸引人才的作用，让有共同志向的人加入组织一起奋斗。"使命"也向外部传递了一个清晰的信号："我"致力于做一件什么样的事情，我能提供的价值是什么，从而让客户和合作伙伴对自己的定位有清晰的认知。

我们从微软转型的过程中，可以看出使命对于一个组织的重要意义。

微软在 20 世纪 80 年代确立的使命是"让每个家庭的桌子上都有一台计算机"。当进入 21 世纪，桌面计算机已经大规模普及，最初"让每个家庭的桌子上都有一台计算机"的使命已经基本完成。同时，随着无线互联时代的到来，计算终端已经不仅仅是桌面计算机，也出现了智能手机、Pad 等多种智能终端，云计算、云存储成为新的趋势，微软原有的使命已经不符合新技术时代的要求。

基于原有的使命，微软一直将 PC 时代的 Windows 操作系统、Office 软件套件作为公司的主要产品和主营业务，面对移动互联和云计算时代的到来，公司内部对未来的发展方向感到迷茫。尤其是由于长期处于市场统治地位而形成的惯性力量，在经营面临停滞的时候，内部情绪变得更加焦躁不安。

在缺乏安全感和对未来感到迷茫的叠加作用下，公司内部产生了越来越多的消极情绪和冲突。因此，2014 年，萨提亚·纳德拉在接任微软 CEO 之后，随即启动了微软历史上最重要的一次文化变革，明确了公司新的使命："予力全球每一人、每一组织，成就不凡。"同时，还将"重塑生产力和业务流程""构建智能云平台""创造更个性化的计算"作为公司新的愿景方向，为公司的产品和业务转型奠定了思想基础，指明了新的面向未来的发展方向，这让微软从悲观、迷茫的氛围中振奋起来，再一次成功崛起。

使命的萌芽和成熟，也会有一个逐渐发展的过程。

我们可能常常会听到这样的故事：有一位天赋异禀、有远见卓识的伟大人物，从小就抱定了远大的理想，并且通过矢志不渝的奋斗成就了一番震古烁今的伟业。这样的故事的确励志，在现实中也有这样的组织。其创始人一开始就树立了远大的抱负，矢志于在某个方面"改变世界""造福人类"，最后也的确成就了一家令人尊敬的卓越企业。但也有很多组织在创建的时候，创始人只是希望能够服务和帮助一少部分人，甚至只是为了让身边的人生活得更好一些。随着事业的发展，他们发觉自己有能力做更多的事情，应该承担更大的责任，于是新的"生命召唤"（Life Calling）出现了，组织的使命也随之扩展。

只要是能为他人创造价值，使命本身并无高低之分，也可能会随着环境、心境的变化而进化。创始人在一开始就找到自己的"生命召唤"固然是好事，但这不是绝对的，如果能够在做事的过程中不断成长，就会不断拓展自己的视野和雄心，进而也会拓展自己和组织的生命价值的边界，对自身的使命也会形成新的认知和定义。这可能更符合现实中大多数初创组织的成长规律。

使命是一个组织面向未来的长期价值主张，意味着即使是一个部门，甚至一个小型的团队，也可以有自己的使命。这一价值主张可以更聚焦于自己的职能定位、专业领域，以及为大组织提供的独特且不可替代的价值。一个有长期使命感和价值定位的团队，更容易凝聚人心，吸引和保留优秀人才，进而汇聚更强的团队能量。

愿景的内涵和意义

如果说使命是某种理想彼岸，那么愿景则是在未来某个时间点能够实现的目标。这个时间跨度可以是 10 年、20 年，甚至更长。愿景描绘了目标实现时的成功景象，它代表了身处当下的我们对未来的一种期望，因此我们有时也把它叫作"远见"。叫作愿景的时候，感性的味道更多一些，而远见则更强调对未来的洞察和判断能力，更有理性的味道。无论感性还是理性，愿景都是组织对未来的一种规划和期许。如果说使命是组织存在的理由，那么，愿景就是组织要到哪里去，它表明了组织阶段性要到达的里程碑。

我们可以通过下面的例子来感受一下愿景的内涵。

阿里巴巴创办于 1999 年，在早期有以下愿景。

- 分享数据的第一平台。
- 幸福指数最高的企业。
- "活 102 年"。

提出"活 102 年"，是希望公司能够跨越三个世纪，成为一家百年企业，这就意味着公司要立足长远谋发展，而不是仅仅追求短期利益。在这样的愿景下，公司的战略规划一定会更加看重长期价值，看重业务未来的发展潜力，"做好"优先于"做大"。愿景中还提出要成为"幸福指数最高的企业"，目的是让员工有获得感和成就感，使他们能够在阿里巴巴这个组织中实现自己的人生理想。愿景中还提出成为"分享数据的第一平台"，因为互联网是以数据为基础的，阿里巴巴作为一家互联网平台型的企业，拥有大量的市场资料和统计数据，可以帮助买家和卖家更好地获取信息并进行分析和决策。这三个愿景，不仅勾勒了一幅长远的蓝图，也凸显了这家公司最重视的三个方面，那就是数据平台、员工成长和坚持长期主义。

随着公司的不断发展，阿里巴巴在电商业务的基础上逐渐延伸出更多的业务板块，如物流、互联网金融、云存储、云计算、文娱业务等。到 2019 年阿里巴巴成立 20 周年的时候，阿里巴巴发布了如下新的愿景。

- 活 102 年：我们不追求大，不追求强，我们追求成为一家活 102 年的好公司。
- 到 2036 年，服务 20 亿消费者，创造 1 亿就业机会，帮助 1000 万家中小企业盈利。

在新的愿景中，阿里巴巴强调"不追求大，不追求强"，而是要成为一家"好公司"，意味着公司不仅要做到高质量成长，也要承担更大的社会责任；另外，对实现愿景的时间和具体的目标也进行了更为明确的界定，这些愿景与"让天下没有难做的生意"的企业使命一脉相承，同时，它也表明公司在未来的十多年时间里，不仅要服务中国的企业和消费者，也要不断拓展国际市场，服务更多海外的企业和消费者。

愿景是组织对未来阶段性的规划，就像在长途跋涉中设置的打卡点，当到达了一个打卡点以后就需要规划下一个打卡点，愿景可以让整个组织对前进的方向、路径以及要达成的成就有更清晰、具象的认知。好的愿景不仅能指引业务运行在健康的轨道上，同时也能激发团队的愿力，起到凝聚人心、鼓舞团队的重要作用。

乔尔·巴克（Joel Barker）是一位著名的未来学家和变革管理专家，他因在愿景、变革管理和创新方面的研究与著作而广受认可，在其著作《愿景的力量》（*The Power of Vision*）中，巴克阐释了愿景在个人和组织成功中的关键作用。谈到愿景时，他说过这样几句话："有愿景没有行动，只是做梦。有行动没有愿景，只是过日子。有愿景又有行动，才能改变世界。"这些话其实也是强调了愿景对一个组织所起到的巨大作用。

战略规划的 MOV 模型和战略三要素

战略的内涵

战略是将长期的愿景分解为短期的、更加具体的业务规划。

战略原本是个军事术语，其含义是"将军指挥军队作战的艺术"。20 世纪 30 年代，系统组织理论奠基人切斯特·巴纳德，在其《经理人员的职能》一书中，开始运用战略因素这一思想来说明企业组织的决策机制。20 世纪 60 年代，企业界开始引入战略概念，尤其到了 80 年代，世界掀起了战略管理研究的热潮。

关于"战略"的定义虽然有很多版本，但其基本属性是相同的，都是用于回答在未来的某一段时期（比如 3 年或 5 年）企业到哪里去，以及如何到达那里。我们这里采用"竞争战略之父"迈克尔·波特（Michael E.Porter）对战略的定义：战略是公司为之奋斗的一些终点，以及为达到这些终点而寻求的途径的结合物。

到底把什么作为我们"为之奋斗的终点"，这是对未来的判断和选择；而"途径的结合物"则是为了到达这个终点所采取的策略的组合。

那如何才能让对未来的判断和选择更靠谱一点呢？

在 VUCA 时代，政治、经济、技术、社会等重要的环境要素都在发生剧变。以技术要素为例，技术的发展会对原有的业务产生颠覆性的影响，比如手机取代了相机，微信抢夺了传统的语音通话和短信服务的市场，余额宝对传统的银行理财服务形成挑战。随着人工智能的突破性发展，未来很多行业和岗位可能都不存在了。技术进步催生了新的产品、新的商业模式，这也导致最致命的竞争往往不是来自本行业的竞争对手，而是来自跨界打击。

除技术要素以外，在最近几年乃至未来相当长的一段时期内，我们还面临着地缘政治造成的全球经济供需结构重构、国内经济转型带来的经济结构调整、社会消费需求的变化，这些变化叠加在一起，形成了比过去三四十年更为复杂多变的大环境。在这种情况下，要看清未来 3 ~ 5 年的发展趋势就变得更加困难。

制定战略的三种方式

由于市场环境的不确定性大大增加，制定战略的难度也随之增大，在这样的背景条件下，如何提高战略制定的质量，对团队一号位来说就成为一个新的挑战。

在制定战略时，我们通常可以有以下三种方式。

（1）依靠敏锐的洞察力和直觉对未来进行预判，从而做出取舍。

（2）对外部环境和组织自身能力进行系统性的分析，基于分析结果决定做什么和不做什么。

（3）先大致有一个方向，一边做一边调整，积小胜为大胜。也就是所谓"战略是打出来的，不是规划出来的"。

这三种方式不能简单地讲孰优孰劣，不同的方式适用于不同类型、处于不同发展阶段的组织。对于初创型组织，往往以直觉式为主，创始人或创始团队往往基于长期的行业经验，对做什么不做什么进行判断，选择切入某一个细分领域。这个阶段对战略的关键要求是"准"，因为在初创阶段资源有限，打不起消耗战，禁不起折腾。如果这个"切口"选错了，难以形成正向盈利的闭环，这时候再去重新选方向、搭团队就很困难，反而加速了失败。

对于业务已经相对成熟的组织，战略的关键要求是"稳"。可以在"稳"中求"变"，但不应该为"变"丢"稳"。这类组织在制定战略规划时，往往会采取第二种方式，通过比较全面地收集和审视内外部情况，先集体讨论再一号位决策的方式形成更广泛的战略共识。这种方式在理论上可以更加全面、综合地进行环境评估，从而形成高质量的决策，但在现实中，对组织的开放度、管理者的成熟度有较高的要求。要避免虽然搞了各种调研、分析、讨论，但缺乏深度的反思与高质量、有建设性的讨论和争辩。一团和气、走过场式的讨论无法产生好的战略，也无法形成真正的共识。

对于寻找第二曲线的创新型组织，战略的关键要求是"快"。"第二曲线"可能是开发一个新的产品、开拓一片新的市场，或者是启用一种新的商业模式等。这种类型的组织，往往会先设定一个大致方向，然后在这个方向上推出 MVP（最小化可行产品），然后根据客户的反馈进行快速迭代，通过小步快跑的方式不断调整方向，不断累积对自身产品与客户价值之间匹配度的认知，最终形成一种客户价值被认可的、比较稳定的长期战略。

这种小步快跑的方式在互联网行业中很常见，比如"钉钉"的发展就是一个明显的例子。阿里巴巴在社交软件发展的初期，也想打造一款自己的社交 app。最早的产品是"来往"，但"来往"在竞争中不敌微信。虽然在 C 端市场败北，但是产品团队发现有许多 B 端客户存在内部沟通和协作效率低的痛点，于是产品团队转向尝试打造一款服务 B 端客户的软件"钉钉"。通过和用户深度共创的方式围绕用户需求快速迭代，钉钉陆续推出了智能打卡、DING 功能、OA 功能、共享文档、开放架构等功能，从做社交软件开始，到成为提升企业沟通、协作效率的工具，一直到今天通过"云钉一体"构建起完整的企业应用解决方案平台，成为帮助企业实现数字化转型的基础设施。

在看不清方向的情况下，团队尤其是核心管理者要回归初心，回归使命、愿景，以更短的周期进行战略循环，通过高频迭代，"摸着石头过河"，更加紧密地和用户互动，使战略更贴近用户的需求，更及时响应市场的变化，让战略不断"生长"，最终成为指引组织长期良性发展的"好战略"。在复杂多变的环境下，好战略往往是打出来的，而不是因为事前"看清了想透了"，就能规划出来的。

我们可以通过表 2-1 对以上三种战略制定的方式做一个比较。

表 2-1   三种战略制定方式的比较

方式	关键要求	适合的组织	特点
直觉式	准	初创型组织	经验判断
系统式	稳	相对成熟的组织	系统分析
迭代式	快	寻找第二曲线的创新型组织	快速迭代

这三种方式分别适用于不同的情况，是为了强调在三种不同的情况下以哪种战略制定方式为主，并不是说它们是互斥的，在现实中，它们反而会被结合起来使用。例如，初创型企业以"直觉式"为主制定战略，但在执行过程中，也需要根据市场的情况和用户的反应，来快速调整自己的方向和策略；对于相对成熟的企业，虽然经过系统的分析制定了战略，但是需要在执行过程中保持弹性，尤其是对战略的实现路径进行尝试、验证，并快速迭代。在今天这样一个变化且复杂的市场环境下，任何组织都需要变得比以前更加敏捷，需要时刻保持

对环境的警觉，用更灵活的意识和灵活的自我调整来迎接变化带来的挑战，只有这样才能取得战略的主动性。

MOV 模型

不管用哪种方式来制定战略，我们都需要一个思维框架帮助我们综合考虑影响战略的各种因素。当然，我们也可以使用这一框架对已经制定好的战略进行检视，看是否有关键的因素在现在的战略里被忽略掉，这样可以避免制定出的战略和现实环境有明显的不一致，避免战略误判。

制定战略的思维框架有很多种，比如商业模式画布、IBM 的业务领先（BLM）模型等。我们这里介绍一种相对比较简单的模型，叫作 MOV 模型。

MOV 模型可以追溯到吉姆·柯林斯在《从优秀到卓越》一书中提出的三环理论。MOV 这三个字母分别代表 Mission、Organization、Vision，代表了进行战略思考的三个维度。

- Mission（使命）：我们想做什么？（你对什么充满激情）
- Organization（组织）：我们能做什么？（组织具备什么能力）
- Vision（远见）：我们可做什么？（市场有什么盈利机会）

这三个维度的交集，就是"该做"的，也就是战略选择。

我们可以用图 2-2 更形象地理解这个模型。

基于 MOV 模型，这三个维度需要具体思考的问题如下。

（1）想做。

关键问题：我们为谁创造什么价值？

子问题：

- 目标客户是谁？有多少？
- 客户的痛点 / 需求是什么？
- 我们能带来什么改变？

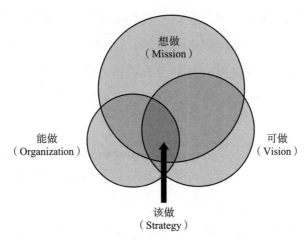

图 2-2   对 MOV 模型的理解

（2）能做。

关键问题：组织能力是否可以承载？

子问题：

- 我们的优势是什么？
- 我们的短板是什么？
- 如何发挥优势和弥补短板？

（3）可做。

关键问题：以什么业务方式实现？

子问题：

- 宏观环境和产业的发展趋势是什么？
- 竞争对手的竞争策略和优劣势如何？
- 我们如何切入？

这三个维度里面，首先最核心的是"想做"，它决定了你是否对一件事能保持持久的热情；其次是"可做"，即对于未来的机会判断是否准确；最后才是"能做"。如果方向是对的，资源和能力总有办法跟上，而不是把资源与能力的限制作为推脱的借口。

MOV 模型由阿里巴巴前总参谋长，曾任教于长江商学院和欧洲工商管理学院的曾鸣教授引入阿里巴巴。因为这个模型比较简洁，也很容易理解和掌握，所以在阿里巴巴的发展历程中得到了广泛的应用。

淘宝网是由阿里巴巴集团在 2003 年 5 月创立的，是主要面向 C2C（客户对客户）的电子商务平台。随着淘宝网规模的扩大和用户数量的增加，淘宝网也从单一的 C2C 网络集市变成了包括 C2C、团购、分销、拍卖等多种电子商务模式在内的综合性零售商圈。淘宝网已经成为世界范围的电子商务交易平台之一。

我们用下面的案例来看一下 MOV 模型如何被应用于淘宝的战略规划制定。

在中国电子商务发展的历史上，1999 年是一个里程碑式的年份。这一年的 5 月，B2C 电子商务网站 8848 正式发布；8 月，国内第一家 C2C 电子商务网站易趣在上海创立；9 月，阿里巴巴推出 B2B 网站；11 月，网上书店模式的当当网上线，以在线旅游为切入口的携程公司成立……中国迎来了第一波互联网创业热潮。据不完全统计，截至 1999 年底，国内就诞生了 370 多家电商平台。

　　早期的电商还是以 C2C 模式为主，也就是以个人卖家和个人买家之间的交易为主。当时国内最大的电商平台是易趣。易趣是复制美国 eBay 的模式，2002 年，易趣与 eBay 结盟，更名为 eBay 易趣，在资本的助推下，eBay 易趣一路高歌猛进，在 C2C 市场占有率一度高达 80%，成立于 2003 年的淘宝网初期全年的交易量还不及 eBay 易趣的零头。eBay 易趣一度成为电商行业的龙头，一家独大，几乎找不到够分量的对手。

　　阿里巴巴看好电商行业未来广阔的发展前景，当然也希望自己旗下的淘宝网能成为行业的领军者，成为用户首选的购物平台，这是阿里巴巴"想做"的事情。同时，在电商领域"可做"的事也很多，比如做 B2B（阿里巴巴最早的电商业务）、B2C（当当网模式）、C2C（eBay 易趣模式），但是在竞争激励的行业格局中如何才能破局而出呢？

　　淘宝网最早进入的是 C2C 模式，淘宝网在推出几个月后，就发现了一个奇怪的现象：网站的浏览量很高，但是成交量却比较低。到底是什么制约了交易达成？结果发现当时的交易模式中存在三个问题：第一个问题是卖家在线销售商品需要支付"平台服务佣金"，而当时还没有形成互联网付费习惯；第二个问题是信任不足，卖家怕发了货收不到钱，买家怕付了款收不到货；第三个问题是信息不对称，买家想了解商品的具体信息，却无法和卖家沟通。这三个问题是当时整个电商行业的普遍现象，这些问题不仅大大降低了用户的网购体验，也制约了电商产业的进一步发展。

　　为此，淘宝网先推出了免费模式，对交易双方都不收取任何费用。紧接着专门研发了"淘宝旺旺"，让用户更加方便地交流。随后，淘宝网打造了一款在线支付工具，就是支付宝，平台为买卖双方提供交易担保，保证了交易的公平性和安全性，解决了买卖双方的信任问题。通过这些举措，淘宝网迅速提升了人气和交易率，大量 eBay 易趣的用户流向了淘宝网。

到了 2006 年 12 月，一切终于尘埃落定，淘宝网完胜 eBay 易趣，eBay 易趣撤出中国。回看当初的电商争霸，淘宝网之所以能够脱颖而出，除了免费模式、淘宝旺旺、支付宝这些具体的策略，更为关键的还是从用户痛点出发，回归用户价值，坚持做对的事情。所以，在阿里巴巴内部有句老话：战略就是客户价值。这其实也说出了战略的核心所在。只有围绕客户价值才能选择做"对的事情"，再通过不同的策略把"事情做对"。而淘宝网之所以能够胜出，关键就是在理解本土消费者有哪些痛点并快速解决方面，显然比 eBay 易趣做得更好，更懂中国用户，这也是本土化企业在"能做"方面的优势。

MOV 模型可以帮助组织进行业务布局，也就是选择做什么，不做什么。但是光有选择还不行，还必须要明确在这个业务赛道上要做到什么样，以及通过什么路径来做到。只有把这三个方面都明确了，才是一个完整的战略。

因此，一个完整的战略，必须包括业务布局、战略目标、实现路径三个要素（见图 2-3）。

图 2-3　战略 = 业务布局 + 战略目标 + 实现路径

还是以早期淘宝网的战略为例，其业务布局是做"在线交易平台"，战略目标是"成为最大的网络消费社区"，而实现的路径就是提供"便宜、丰富、安全、有趣的消费体验"，基于这个实现路径的几项关键举措包括：提供免费平台服务，让买卖双方直接沟通（淘宝旺旺），提供快捷且安全的担保交易（支付宝）。

MOV 模型和战略三要素框架，既可以帮助我们规划业务战略，也可以在已经有了一个业务战略的情况下，帮助我们更深入地理解战略及其背后的原因，做到知其然也知其所以然。如果一个业务组织中除核心管理团队以外，中层甚至基层的管理者都可以用一个比较简单的结构来理解业务战略，也必然能够更准确地向下传递组织的战略意图，同时各级管理者在工作中也可以更主动地向公司的战略靠拢。

使用战略屋模型进行战略解码

制定完战略之后，我们可以使用战略屋模型来拆解战略，从而确立各部门的年度目标。使用战略屋模型最大的好处就是，它可以为我们提供一个清晰的逻辑和完整的结构对战略进行拆解。此外，它将战略目标、战略路径、组织保障这些年度规划信息以及它们之间的逻辑关系整合在一张大图上，使团队成员可以更加直观、清晰且准确地了解年度规划的关键信息，有利于保证整个组织的思想和行动保持一致。

我们先来看一下战略屋模型（见图 2-4）的结构。

战略屋的顶端是组织的"使命、愿景"，这是战略要瞄准的长期方向。接下来是战略定位。战略定位的核心是有差异化的客户价值主张。

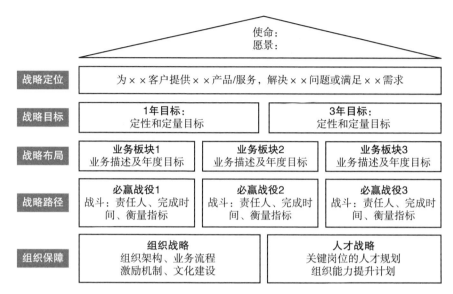

图 2-4　战略屋模型

差异化的战略定位决定了企业不同的竞争策略，也需要有不同的组织核心能力来支持，并且最终会在用户心目中形成独特的品牌心智。例如，提到淘宝，用户最先想到的是丰富的商品，"没有在淘宝上买不到的东西"就成了淘宝在用户心目中的品牌心智；提到京东，用户最先想到的是自营商品的品质保证和高效的物流服务；提到拼多多，用户大多想到的是价格优势。

再接下来就是组织近期（如 1 年）和中长期（如 3 年）的战略目标，以及支撑战略目标实现的战略布局和必赢战役，这个过程实际上就是对战略进行解码的过程。

战略解码是常用的将战略落实到关键任务中的方法。通过战略解码，将组织的战略分解成必赢战役（Must-Win Battles）清单，并明确其衡量指标、行动计划、责任人，让战略转化为可理解、可执行、可衡量的关键行动。

从战略规划到行动计划是将战略进行落地的最关键的一步。很多组织在制定战略时用了很大的精力，产出的战略质量也不低，但是在执行时却出现了偏差，其中一个原因可能就是没有做好战略解码，导致了战略和执行的脱节。

战略解码可以起到如下三个关键作用。

（1）团队形成战略共识（是什么？为什么？怎么干？）。

（2）每个团队、每个人清楚自己在战略大图中的位置和职责。

（3）激发上下同欲、使命必达的团队氛围。

战略解码的关键是找到必赢战役。

必赢战役是指对于实现战略目标有决定性影响的、需要在全公司范围调动资源才能实现的、非打不可且输不得的关键项目或关键任务。就像东汉末年的赤壁之战，这是奠定三国鼎立局面的关键一战，对整个战局的发展起到决定性的作用。因此，基于战略目标定义出决定战局胜负的关键性战役，可以让整个组织集中资源，聚焦于主攻方向，从而有更大可能形成战略性突破。

战略解码完成后会形成必赢战役清单（见表2-2）。

表 2-2　必赢战役清单

必赢战役	为什么	目标	衡量指标	主帅（责任人）

注：为什么：明确这场战役的重要性何在。

目标：成功时的样子，描述这场战役打赢后产生的鼓舞人心的结果。

衡量指标：衡量这场战役是否成功的量化指标或关键里程碑。

必赢战役可以进一步拆解为不同的"一级行动",我们把这些行动任务称为"战斗"。这些战斗必须有明确的责任人、完成时间、可衡量的结果指标。对必赢战役进一步拆解后,会进一步形成每一个必赢战役对应的战斗清单(见表 2-3)。

表 2-3　必赢战役对应的战斗清单

必赢战役名称:

序号	一级行动(战斗)	衡量指标	完成时间	责任人	所需资源和支持

注:一级行动:使用动宾结构,体现具体要采取的方法措施。

衡量指标: 符合 SMART(Specific 具体的、Measurable 可衡量的、Achievable 可实现的、Relevant 相关的、Time-based 有时限的)原则。

所需资源和支持:实现此行动所必需的人、财、物、授权、机制等方面的资源和支持。

战略屋模型最下面一层是组织保障,即基于战略目标和战略路径所需的组织架构、机制、流程、文化以及人才等方面的配套策略。

战略屋模型可以用于整个企业层面,也可以用于某个独立的业务单元。以企业层面为例,战略屋模型中的各个必赢战役,其责任人通常为一级部门负责人。因此,每个战役也就会成为该负责人所在部门的年度核心任务,必赢战役的衡量指标也就成为该部门主要的年度考核指标。必赢战役继续向下分解出来的关键战斗,就可以作为二级部门的年度关键任务和考核指标。使用这种方式对战略进行拆解,通常最多拆解到公司的中层管理者即可。

从中层管理者再向下拆解,通常会使用目标管理方法,如 KPI 或

OKR。这是因为必赢战役通常是需要跨部门协作且对公司战略有较大影响的事项，到了基层管理者和一线员工，这类事项已经被拆解成了颗粒度比较小的具体任务，没有必要使用战略屋这种较为复杂的方法来设定目标。KPI 或 OKR 的逻辑和结构相对简单，也更便于基层管理者和一线员工掌握和应用。

目标的设定和拆解

无论是部门目标还是个人目标，都设定了在一个目标周期（如年度、半年度、季度）内最重要的几件事。好的目标既明确了业务方向，也能够起到鼓舞士气、凝聚人心的作用。

当设定团队目标时，团队的负责人需要关注以下几个问题。

- 好目标的标准是什么？
- 目标从哪里来？
- 设定团队目标的方式是什么？
- 如何对目标进行合理拆解，找到实现目标的最佳路径？
- 如何让团队成员的目标做到上下对齐、左右拉通？
- 如何把团队目标变成大家各自的目标？
- 如何将目标落实到每个人的绩效承诺中？

好目标的标准

彼得·德鲁克在谈到目标时说："目标是方向，是承诺，是调动企业的资源和精力去创造未来。"对管理者而言，制定了团队的年度目标，就决定了整个团队在一年当中的工作方向和资源分配。同时，这个目标也是团队对公司的承诺，公司会根据目标是否实现或者实现了多少，决定该团队最终的绩效考核和激励分配。

定目标是管理者年度工作的开篇之作，其重要性不言而喻。要想把目标定好，首先要知道什么是好目标。

谈到目标的标准，一般都会提到 SMART 原则。符合 SMART 原则是目标的门槛条件，此外，好目标还要遵循如下四点原则。

1. 聚焦要务

设定的目标要少而精。目标不是年度所有工作的任务列表，而是年度工作中价值度最高的几件事。目标的数量通常为 3 ～ 5 个，这是比较适合的，太多重要的事往往就导致每件事都不那么重要。

"少而精"意味着做减法，即对所有可能的工作项进行价值度排序。这个排序最主要的依据是判断到底哪几件事，对上级主管的目标和策略的支撑作用是最大的。通过这种方式，让整个企业自上而下都聚焦在核心的战略目标上。

2. 价值导向

目标的本质是为了创造价值。每个目标都应该指向某一利益相关者价值，这个"利益相关者"可以是外部客户、合作伙伴，也可以是内部客户。类似的目标如"打造一款用户推荐率超过 25% 的产品""让客户的生产效率提升 30%""将协同部门的交付时间缩短 10%"等。

另外，目标也可以指向自身的成长价值，如优化流程制度以提升效率，培养人才以提升团队核心能力等。虽然这些是指向自身生产力提升的价值，但最终也是为了能够更好地创造利益相关者价值。类似的目标如"建设业务数据中台，实现所有产品数据可沉淀和可追踪""打造敏捷组织,让团队人效提升 20%"等。

目标指向价值向团队传递了一个明确的信号,那就是团队的一切工作都必须围绕价值展开,员工的考核和激励也要以价值的多少来衡量。这也避免了在纯业务指标考核的导向下,为追求利己的短期商业利益而损害利益相关者价值。从长期来看,目标偏离客户价值会对企业造成极大的伤害。

有价值感的目标,还可以起到鼓舞人心的作用。如果目标只是冷冰冰的数字,如"今年的营收达到 1000 万元",这样的目标给员工的感受,就是年复一年扩大营收而已,员工自己仿佛只是一个"KPI 工具人"。以价值为导向的目标可以让员工感受到"我是在参与一件有意义的事情"。这对于激发团队的热情和斗志非常重要,尤其是对于"90 后""00 后"的新生代员工。

3. 有挑战性

高目标可以激发团队的潜能,好的目标应该是"跳一跳才能够得着"。

设置有挑战性的目标,其核心目的不是迫使团队付出更大的辛劳去完成目标。如果只是依靠投入更多的体力或资源去达成目标,实际上这是一种加法思维,这种思维下的业务就很难实现突破性的增长。挑战性目标更主要的目的是牵引团队思考:今年要用什么不同以往的打法、做什么样的创新、在哪些方面进行突破,来实现业绩的高增长。上级主管在进行目标评估时,也要关注下一级的目标和打法,判断是依靠资源堆积来拉动增长,还是依靠创新的方式来拉动增长。

4. 简洁朴实

目标应该容易被听懂、记住，要避免使用晦涩难懂的词汇，更要避免"假大空"的口号。

目标从哪里来

当制定目标时，主要的思考路径包括以下几种。

1. 向上对齐

企业是一个整体，目标上下对齐才能保证组织内所有人都朝着一个方向努力。因此，当制定目标时，最重要的来源是上级的目标和策略。

首先，通过和自己的上级主管对焦，理解公司的业务战略、主管的目标和关键策略。然后，结合自己团队的定位，思考自己团队在承接上级目标的时候，需要解决的问题、发挥的关键作用和创造的价值产出。最后，将自己的理解和思考讲给主管听，澄清有偏差有疏漏的地方，经过讨论最终和主管形成共识。

2. 左右拉通

了解上下游协作方的规划和需求，对于需要彼此协同且对上级主管甚至公司整体的目标达成有重大影响的关键任务，也要将其放进自己的目标。

3. 团队成长

基于自身职能定位，从长期能力建设的角度出发，设置与团队成长相关的目标。例如技术团队，除本年度业务所需要支持的重点工作

以外，也要关注面向未来的专业能力建设，为未来的业务发展做好能
力储备，如把数据平台建设、新技术能力积累等事项纳入年度目标。
虽然这些工作未必对本年度的业务营收有直接的贡献，但对企业未来
的发展是非常重要的。

设定团队目标的方式

设定团队目标的方式，一种是自上而下的"瀑布式"，另一种是
先自下而上，再自上而下的"共创式"。通过表 2-4 可以对这两种方
式做一个比较。

表 2-4　瀑布式 vs 共创式

方式	方法	优点	缺点	适用场景
瀑布式（自上而下）	主管设定团队目标，然后自上而下分解	效率高	团队成员参与度低，主动性和创造性低	确定性高的业务类型
共创式（先自下而上，再自上而下）	主管先给出大方向，团队再进行共创、讨论、细化、完善主管提出的业务方向，由主管最终拍板	①能激发团队的自驱力和创造性 ②团队成员对目标的理解深入、共识度高	效率低	确定性低的业务类型：①从 0 到 1 ②成熟业务寻找新突破

在实际应用中，这两种方式可以结合起来使用（见图 2-5）。针
对部门中高确定性的工作内容，可以直接用瀑布式来设定目标；对
于低确定性的业务，比如团队要进行某些开拓性、创新性的业务，
或者某个业务虽然是老业务，但市场环境变化非常快，可以用共创
式来设定目标。

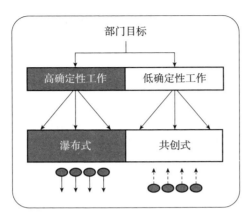

图 2-5 两种方式的选择

当使用共创式进行业务目标规划时，除团队的关键成员参与以外，也可以邀请协同方的成员加入，这样可以让信息交流更加充分。在讨论中，要营造开诚布公、鼓励创新想法的集体氛围，让大家能够充分表达自己的观点和意见。在这个过程中，可能会出现意见相左甚至彼此争执的情形，但只要是良性的、有建设性的对话和争论，对彼此加深理解，最终达成真正的共识都是有益无害的。而只有真正的共识，才是集体共同承诺、共同行动的基础。

德勤的一份研究报告，也揭示了高参与度的决策可以产生积极的效益。具体来说，"那些与员工共同创造的公司，它们拥有敬业员工的可能性是同行的 1.8 倍，创新的可能性是同行的 2 倍，有效预测和应对变化的可能性是同行的 1.6 倍"。

在开共创会时，可以通过参考模板（见表 2-5）中的结构进行思考和讨论，提高共创会的效率。

表 2-5　共创会参考模板

年度业务目标规划研讨			
分析维度	关注点		部门目标 （成功时的样子）
上层组织 战略目标	战略目标、核心策略、衡量指标	本部门需要承接的部分：	·3～5个最优先的 ·激动人心的 ·可以按照平衡计分卡的财务、客户、内部运营、学习成长四个维度来制定对应的目标
自身业务 环境分析	产业发展：	机会（有利方面）：	
	竞争对手：		
	客户需求：	风险（不利方面）：	
	合作伙伴（内外）：		
团队自身 分析	优势：		
	劣势：		

对目标进行合理拆解，找到实现目标的最佳路径

目标设定后，接下来就需要思考通过什么策略来实现目标，以及每项策略产出的具体结果是什么。这些策略和对应的产出结果，将成为下一级按照自己不同职能所要承接的任务。我们把将目标分解为不同策略和产出结果的过程称为目标拆解。

目标的实现通常需要制定多项策略，在制定策略时，一方面，这些策略及其产出结果要能够支撑目标的达成，不能出现所有策略的产出结果都实现了，但目标却没有达成的情况。另一方面，这些策略之间要避免出现重复、彼此交叉、相互抵消的情况。因此，目标的拆解必须符合 MECE（Mutually Exclusive Collectively Exhaustive，即"相互独立，完全穷尽"）原则。

在目标拆解过程中常常使用以下三种方法。

1. 因果公式法

按照目标中关键指标的计算公式找到达成目标的关键路径。

例如，某电商公司今年有这样一个目标："将 A 产品打造成一款销售收入超过 1000 万元的爆款产品。"

在电商的业务逻辑中，销售收入 = 流量 × 转化率 × 客单价。要完成提升销售收入的目标，可以在"流量""转化率""客单价"这三个变量上下功夫。因此，该公司制定的目标策略和每个策略要达成的具体产出结果如下。

- 策略 & 产出 1：通过加大宣传，提升日流量至 × 人。
- 策略 & 产出 2：通过数据分析，改进运营方式，提升转化率至 ×%。
- 策略 & 产出 3：通过产品组合优化，提升客单价至 × 元。

2. 关键要素法

按照达成目标的关键成功要素（KSF）进行拆解。

例如，某手机研发和生产企业制定的一个目标是"打造一款旗舰手机"。

基于市场研究，该企业分析了用户对"旗舰手机"认可的关键要素，其中最重要的三个要素是"摄影摄像能力""快充能力""美观度"，因此该企业制定的目标策略就基于这三个关键要素。

- 策略 & 产出 1：开发出 ×× 像素、×× 倍光学变焦且具备防抖功能的影像拍摄系统。
- 策略 & 产出 2：实现超级快充，能够在 ×× 分钟内充满电。
- 策略 & 产出 3：设计新颖，在 5 家行业主流媒体获得高度认可。

3. 任务顺序法

按照目标实现的关键里程碑进行拆解。

如果目标的实现路径相对清晰，就可以按照这种方式进行拆解。

例如，某公司制定了"顺利上线质量控制系统平台"的目标，按照实现该目标的关键节点顺序，可以制定如下的策略及产出。

- 策略 & 产出 1：1 月底前，完成系统平台的调研和方案设计。
- 策略 & 产出 2：5 月底前，完成系统开发和测试。
- 策略 & 产出 3：7 月底前，完成系统整体上线。

目标拆解完成后，可以用如表 2-6 所示的模板来呈现。

表 2-6　目标拆解模板

目标责任人：		主要协同方：
目标	策略	可衡量的产出结果
目标 1：	策略 1：	
	策略 2：	
目标 2：		
目标 3：		

需要注意的是，"可衡量的产出结果"可以是两种情况：一种是量化的数据，比如"销售额提升 20%"；另一种是关键里程碑，比如"在 7 月底前完成系统上线"。这两种产出结果都是可以明确衡量的。尤其对于职能部门来讲，有的工作成果难以用量化数据来度量，这时候就可以采用关键里程碑的方式来设定产出结果。

让团队成员的目标做到上下对齐、左右拉通

目标拆解为不同的策略及产出结果后，下一级部门就会根据各自的职能定位，承接不同的策略及产出结果，作为自己部门的目标。如在上文"因果公式法"的例子中，公司销售收入的目标拆解为三个策略。策略 & 产出 1 "通过加大宣传，提升日流量至 × 人"，就成为宣发部门的一个目标；策略 & 产出 2 "通过数据分析，改进运营方式，提升转化率至 ×%"，就成为运营部门的一个目标；策略 & 产出 3 "通过产品组合优化，提升客单价至 × 元"，就成为产品部门的一个目标。

按照此逻辑，可以将公司的大目标逐层拆解下去，一直拆解到每一位员工，形成如图 2-6 所示的目标树（以 OKR 方式示意）。

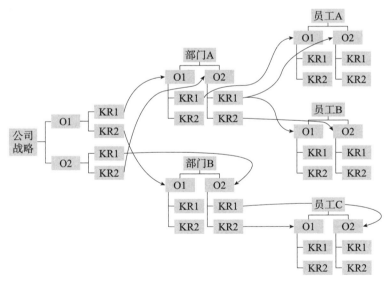

图 2-6　目标树示意图

平行部门完成目标设定后，可以通过"目标通晒会"相互介绍各

自部门的目标和计划。通过通晒会可以达成三个目的：一是了解平行部门的重点工作方向及推进计划；二是彼此进行反馈，通过收集反馈意见补充和完善自己的目标计划；三是针对需要跨部门协同的事项，协同部门之间的目标计划要拉通。

我们通过以下案例来阐述如何让目标进行上下对齐、左右拉通。

有一家影院公司，在上半年业务规划制定的目标中，其中一个是：实现上半年影院收入比去年同期增加 100 万元。

为了实现这个目标，该影院将突破点锁定为下面三个关键要素：大片数量、上座率、影院内卖品收入。据此制定了如下的策略和产出结果。

- 策略 & 产出 1：上半年增加引进 2 部大片，增加观影收入 20 万元。
- 策略 & 产出 2：加强影片的宣传推广，提升观影体验，将上半年平均上座率从 40% 提升至 60%，增加观影收入 50 万元。
- 策略 & 产出 3：增加影院内卖品种类，上半年引入 5 个新品类，卖品收入增收 30 万元。

该影院公司下设多个部门，我们以其中两个部门为例，看如何实现目标的上下对齐和左右拉通。

第一个部门是"项目部"。

项目部负责影片的引入，因此该部门将承接公司的策略 & 产出 1。该部门设定的目标中包含了这样一个目标：积极拓展片源渠道，上半年增加引进 2 部大片，共计完成引进 5 部大片，新增大片的观影收入超过 20 万元。

这个目标的实现路径是比较清晰的，因此使用"任务顺序法"设定以下关键策略和产出结果。

- 策略 & 产出 1：1 月底前选定所要引入的大片并启动和发行公司的洽谈。
- 策略 & 产出 2：2 月 15 日前与发行公司完成签约。

第二个部门是"运营部"。

运营部负责影片的宣传推广和影院的运营管理，该部门将承接公司的策略 & 产出 2，因此设定了如下目标：重点强化大片的宣传推广，大力改善观影体验，将上半年平均上座率从 40% 提升至 60%，增加观影收入 50 万元。

提升上座率的关键成功因素锚定为"大片宣传推广"和"观影体验"，据此设定以下关键策略和产出结果。

- 策略 & 产出 1：2 月 17 日前启动所引进大片的市场宣传与推广方案。
- 策略 & 产出 2：改进观影服务品质，实现上半年的客户平均满意度比去年全年提升 20%。

从此案例中可以看出，影院公司的前两项关键策略分别由下一级的对应职能部门承接，由此完成了上下目标的对齐。

而两个平行部门"项目部"和"运营部"之间，项目部的"2 月 15 日前与发行公司完成签约"和运营部的"2 月 17 日前启动所引进大片的市场宣传与推广方案"两个关键策略也在时间上进行了衔接，实现了左右拉通。

把团队目标变成大家各自的目标

公司目标失败，70% 的原因不是目标不好，而是执行不到位。而这 70% 的执行不到位中，又有一半以上是因为目标沟通不到位。

因此，团队目标制定后要通过目标透传，让员工清晰了解公司的目标是什么，实现这些目标的关键策略是什么，实现了这些目标将能够给客户、给公司未来的发展、给员工的成长带来什么样的价值和意义。在员工对公司的目标有深入的理解之后，员工的热情更容易被激发，员工在工作中会自动向公司的大目标靠拢，有助于整个公司形成"聚焦大目标，力出一孔，上下同欲"的局面。

在具体操作中，公司通常会组织年度业务启动会，通过线下会场与线上直播的方式，将公司的年度目标以及核心管理者的年度目标向全员进行透传，并现场解答员工关心的问题。通过这种方式向全员进行目标的解读，从而确保整个组织对目标的认知清晰、一致，为后续的目标执行统一思想。

将目标落实到每个人的绩效承诺中

在组织内部，完成目标自上而下的拆解后，便形成了每个人的绩效合约，在绩效周期结束后作为业绩考核的依据。

可参照的绩效合约模板如表 2-7 所示。

表 2-7   绩效合约模板

类别	考核指标	指标权重	等级			实际完成值	考核得分
			T1 达标值	T2 挑战值	T3 理想值		
目标 1：							
目标 2：							
目标 3：							

| 第 3 章 |

组织规划

以战略为导向排兵布阵

组织目标设定以后，就要思考并规划实现目标需要什么样的组织能力。

对于业务一号位来说，最核心的两件事：一是业务方向对不对，二是组织能力够不够。业务方向对不对涉及业务赛道的选择以及业务目标的制定，而组织能力够不够需要通过组织设计，对实现业务目标所需要的组织能力进行解码，并据此进行组织和人才结构的调整和优化，这样做的目的是确保组织能力与业务目标的一致性，最大限度地激发组织能量，让组织的效能得到最大程度的发挥，进而更加有利于战略目标的达成。

　　组织规划是将组织能力与战略目标进行匹配的关键一环，也是团队一号位的一项关键职责。在进行组织规划的时候，可以参照图 3-1 中的流程。

图 3-1　组织规划流程

　　组织规划的起点是战略目标。关于战略的内涵及要素我们在前面的章节中已经做过介绍。组织规划的第一步是组织能力解码，这一步的主要工作是基于战略方向及目标分析组织需要加强的核心能力是什么。明确了核心能力之后，第二步就要进行组织盘点与排兵布阵，其目的是评估团队目前的组织架构和关键岗位的人员是否与战略匹配，是否能体现并强化实现战略目标所需的核心能力，并且依据评估结果对当前的组织结构和关键岗位的人员安排制订优化调整方案。之后进入第三步人才盘点，这一步的重点工作是对各团队的人才结构、数量、质量进行评估，确保团队的人才队伍能够满足实现目标的要求。对于评估后发现的人才短板，需要在组织策略中制订相应的人才队伍建设方案。以上三步完成后，就可以形成包括组织架构调整、关键岗位人员优化、人才队伍建设在内的整体组织策略。此外，如果团队发现在流程和机制方面（如团队的激励机制、协同机制、决策流程等）存在明显的改进点，也可以制定相应的改进措施，并将其纳入组织策略中。

基于战略的组织能力解码

任何一家企业都希望在激烈的市场博弈中取得成功，甚至能够超越竞争对手成为行业的领导者，要想实现这一目标，就必须在竞争中具备某种关键的核心竞争力，而这种核心竞争力是竞争对手很难获取的，即使要获取，也必须付出同等甚至更大的投入和努力。同时，这种核心竞争力所带来的竞争优势可以转化为超过行业平均水平的收益，进而使企业拥有更多的资源来强化该核心竞争力，甚至孵化新的业务增长点，这使得企业有更大的机会在未来的竞争中占据更加有利的地位。正因如此，打造企业核心竞争力在企业生存和发展中至关重要。

核心竞争力的重要性不言而喻，但在现实中，也会常常发现有些企业对自身的核心竞争力并没有清晰的策略。自身的核心竞争力到底是什么？面向未来要培育哪些新的核心能力？如何高效地打造这些能力？如果企业对这些问题缺乏系统的思考和规划，长此以往，这些企业可能难以建立起自身独特的核心竞争力，这将会导致企业不可避免地陷入平庸，甚至被淘汰出局。

什么是核心竞争力

立志于成为连锁餐饮巨头的 A 企业，认为自身的核心竞争力有以下四点。

- 菜品创新。
- 服务周到。
- 食材新鲜。
- 门店众多。

　　到底哪些才是 A 企业真正的核心竞争力？"菜品创新"依赖于厨师，如果厨师离开，菜品创新这一竞争力就很容易被带走；"服务周到"，餐饮行业的其他企业也能做到；"食材新鲜"比较容易被同行复制；至于"门店众多"，只要有资金，同行也可以快速做到。由此看来，同行普遍具备的、容易因员工离开而被带走的、容易被同行快速复制的、花钱就能马上买到的，这些都不是核心竞争力。

　　所谓核心竞争力，是指某种明显超越竞争对手，且能获得长期竞争优势的独特能力。也就是说，这种能力要么是"你无我有"，要么是"你有我优"，只有这样的能力才能称为核心竞争力。如果不具有这样的特点，这种能力就只是行业通用能力。就如上面 A 企业所具备的四种能力，其实是每一家餐饮连锁企业都需要具备的能力。除非 A 企业在其中的某一项能力，比如"服务周到"方面能做到远超同行，甚至能够给客户带来超越期待的服务体验，又或者除了上面四种能力，A 企业具备某种其他同行所不具备的能力，只有这样的能力才是核心竞争力。行业通用能力和核心竞争力之间的关系如图 3-2 所示。

图 3-2　行业通用能力 vs 核心竞争力

　　通用能力是进入一个行业的门票，而核心竞争力才是最终决定企业成败的关键。正如核心竞争力理论创始人普拉哈拉德（Prahalad）用大树所做的比喻：企业的成就就像大树的果实，而核心竞争力如同大树的根系。根系越发达，大树越能茁壮成长，并结出丰盛的果实。

判断一项能力是不是核心竞争力，可以参考下面三项原则。

- 高价值性。该能力可以为客户提供超出竞争对手的价值，比如更低的价格、更好的质量、更佳的使用体验等。
- 稀缺性。该能力只有少数企业拥有，甚至是独占的。
- 难模仿性。该能力是很独特的，是难以转移或复制的。

了解了核心竞争力的内涵，企业就可以基于业务的战略定位对自身能力进行分析，看哪些属于行业通用能力，哪些是自身真正具有比较优势的核心竞争力。只有对自身核心竞争力做到心中有数，才能进一步思考和规划如何加强这些能力，进而强化竞争优势。

如何进行能力解码

各个企业都有自身的战略定位，比如同样是火锅企业，海底捞的定位是"服务"，通过提供优质的客户体验，成为餐饮行业用户服务的典范。巴奴火锅则强调"产品"，以特色产品毛肚火锅树立了自己的用户口碑和品牌心智。另一家火锅企业呷哺呷哺的定位则是"平价时尚小火锅"，带给年轻人高性价比且"可以一两个人安静地吃饭"的独特体验。不同的战略定位对应不同的核心竞争力，因此对自身核心竞争力进行分析，首先要明确企业自身的客户价值主张，也就是企业的战略定位到底是什么。

哈佛商学院教授罗伯特·卡普兰在《战略地图》一书中把战略定位分为三类：卓越运营、客户亲密、产品领先。卓越运营强调的是高性价比，客户亲密侧重定制化的极致体验，产品领先则注重独特的产品特性。以上述三家企业为例，对这三家企业的战略定位和核心竞争力做一个简单的对比（见表 3-1）。

表 3-1　三家企业的对比

战略定位类型	卓越运营	客户亲密	产品领先
企业	呷哺呷哺	海底捞	巴奴
战略定位	高性价比	极致体验	特色产品
核心竞争力	供应链能力	洞察客户需求的产品与服务设计能力	特色产品的研发能力
	精益运营能力	打造极致客户体验的能力	差异化体验的交付能力

以呷哺呷哺为例,以"高性价比"作为战略定位,就要求企业具备很强的成本控制能力。对餐饮企业而言,在成本中占比高的主要是食材和门店的运营。从这两个关键点入手,企业需要强化的两项核心竞争力就是供应链能力和精益运营能力。

呷哺呷哺围绕经营战略拓展经营架构,强化供应链管理职能,不断通过合资、自建、收购等方式强化自身的供应链能力,例如通过合作建立了羊肉加工基地,自建了种植基地和冷链物流配送中心,这些新的业务单元的建设,极大加强了呷哺呷哺的供应链能力,保证食材品质的同时还大大降低了食材、物流及仓储的成本。同时,呷哺呷哺通过倡导精益文化、加强精益化流程和机制的建设,以及对相关岗位人员的培训,大大提升了门店运营资金的周转率、降低了食材的损耗率,从而确保在"平价"的情况下仍然能够获得较好的经营收益。

在进行组织能力解码的过程中,我们可以使用如表 3-2 所示的模板进行分析。

表 3-2　组织能力解码模板

业务布局：

战略目标：

战略定位：

实现路径	核心能力	目前的能力状况	组织策略
A：			
B：			
C：			

还以一家火锅企业为例，假设这家企业采取的竞争策略类似呷哺呷哺，其组织能力解码的过程模拟如表 3-3 所示。

表 3-3　组织能力解码的过程模拟

业务布局：餐饮行业

战略目标：扩大经营规模，提升经营业绩，成为餐饮火锅行业的领头羊

战略定位：高性价比

实现路径	核心能力	目前的能力状况	组织策略
A：建立自主供应链，降低食材和物流成本	供应链能力	①供应链管理职能没有明确的定位和管理权责 ②关键岗位人才不足 ③拓展种养殖基地的能力不足	①调整组织架构，强化供应链管理职能的定位和管理权责 ②补足关键岗位人才缺口 ③改进激励机制，向种养殖基地的拓展和经营倾斜
B：提升门店运营效率，降低运营成本	精益运营能力	①门店的精益管理流程有待完善和提升 ②门店店长的精益管理能力不足 ③门店员工的精益运营意识不足	①成立专项小组，完善门店精益运营的流程、标准，并定期进行督导，强化考核 ②组织面向门店店长进行精益管理的专项赋能 ③在门店对精益文化进行定期宣传，强化员工的精益运营意识

在分析自身的核心竞争力时，企业往往更关注如营销能力、产品能力、运营能力等能够带来直接业务价值的能力，但构建这些能力，乃至让这些能力发挥出最大效能，必然离不开企业在人才、协作、创新、领导力等方面能力的支撑。戴维·尤里奇在《高绩效的 HR：未来的 HR 转型》一书中提出一种组织机能审计的方法，通过对组织的各项通用能力进行评估，筛选出组织最需要的关键通用能力，委派专门团队负责构建这些关键能力，制订行动计划和衡量标准，推动实施步骤，跟进实施效果。

戴维·尤里奇归纳了十三种通用组织能力，在进行组织机能审计时，可以以此作为能力项的评估范围，收集不同团队对被评价能力的现状及理想状态的评价数据，确定最需要关注的关键组织能力（见表 3-4）。

表 3-4　确定关键组织能力

在以下 13 项能力中，我们目前做得如何		目前的效果（在相应的分值上画钩，1 为最低分，5 为最高分）					挑选两项或三项最关键的能力
		1	2	3	4	5	
1	人才：我们擅长吸引、激励和保留有能力和有责任感的员工						
2	速度：我们擅长快速行动，我们有良好的敏捷性、适应性、灵活性、周期性和响应能力						
3	共同的思维模式：我们擅长管理或变革企业文化，包括对企业形象、企业股权、企业品牌、共享日程的转型						
4	学习：我们擅长通过知识管理和最佳实践分享来产生和总结有影响力的想法						

（续）

在以下 13 项能力中，我们目前做得如何	目前的效果（在相应的分值上画钩，1 为最低分，5 为最高分）					挑选两项或三项最关键的能力
	1	2	3	4	5	
5　协作：我们擅长团队合作、跨界协作、并购整合以及信息共享						
6　创新：我们擅长在管理、产品、渠道和战略上进行创新						
7　责任：我们擅长建立严格的绩效管理原则、设置清晰的绩效目标，并让员工对绩效结果负责						
8　领导力：我们擅长建立领导梯队，在各个层级培养那些始终坚信企业未来的发展的领导者						
9　战略一致：我们能够清晰地阐述并沟通我们的战略观点、战略议程以及战略重点						
10　效率：在不影响质量的前提下，我们擅长通过重新设计、流程再造或重组来降低成本						
11　客户连接：我们擅长建立客户关系，且已建立客户导向的组织，与客户保持着亲密关系						
12　社会责任：我们通过降低碳排放量、开展慈善活动、宣传企业价值观来展示良好的企业公民形象						
13　风险：我们擅长密切关注可能发生的混乱、无法预见的事件和各种变化，以有效管理风险						

如果把业务能力比作"硬实力",把通用能力比作"软实力",在组织能力解码时,除了特有的业务能力,还需将这些通用能力也考虑进来,只有这样才能比较完整地兼顾这两类能力,再从中选取最重要的几种能力作为支撑战略落地的组织核心能力,并进行重点建设。

战略是长板思维,管理是短板思维。核心能力本质上是战略性的、竞争性的,其着眼点是强化长板,而不是弥补短板。也就是说,组织要围绕自己的差异化竞争策略,不断强化自己对应的核心能力,建立自己的"护城河",进而在某方面持续领先对手。而从短板着眼,是一种管理性的、改进性的思维,是通过持续优化、迭代,改善经营效能或降低经营风险,但很难做到把短板转变为超越对手的长板,更别说成为自己的核心竞争力。所以,解码核心能力也要从那些自己已经具备的、有过成功案例的能力中着眼;或者虽然目前不具备,但凭借自身独特资源或其他优势,最有可能让组织打造的某种能力。而不是从之前出现过哪些问题、暴露过哪些短板,如何解决这些问题、弥补这些短板入手。这是在能力解码过程中,尤其习惯了管理思维,习惯了问题导向从问题入手的管理者需要特别注意的一点。

组织盘点与排兵布阵

在业务战略和所需要的核心能力明确以后,就需要进行组织盘点与排兵布阵。

组织盘点是站在整体视角,对组织的架构、关键岗位、人才梯队进行检视,并基于战略目标,判断当下的组织状况是否与之匹配,进而对组织进行调整和优化。

就如同军队打仗，军队的统帅首先要制定作战策略，选择攻打的主战场，确定主要的攻击点，是正面强攻为主，还是围点打援为主。然后就要排兵布阵：哪支部队做前锋，哪支部队做主攻，哪支部队负责侧翼，哪支部队负责伏击，各部队的主将分别是谁。如果采取的是正面强攻的策略，主要的兵力部署就安排在主攻方向；而如果采取的是围点打援的策略，正面兵力就是虚张声势以佯攻为主，而重兵配置就需要放在打击援兵的方向上。

基于战略盘点阵型和主将，并进行相应调整的过程，就是进行组织的排兵布阵。

好的排兵布阵既能够帮助业务取得胜利，又能锻炼和培养人才；反之，如果排兵布阵有问题，再好的业务策略也难以落地。

从组织盘点到排兵布阵可以分解为三个步骤。第一步是组织盘点，盘点的对象包括阵型（组织架构）、主将（关键岗位人员）和梯队（关键岗位的梯队人才）。第二步是定阵型，即根据业务战略检视组织结构是否有可以优化的部分，并进行必要的调整。第三步是定主将，即检视关键岗位现任人员状况并进行必要的调整。相应的流程如图 3-3 所示。

图 3-3　从组织盘点到排兵布阵

组织盘点

在组织盘点的过程中，关注点和结果应用如表 3-5 所示。

表 3-5　关注点和结果应用

步骤	关注点	结果应用
盘阵型 （盘点组织架构）	• 承载战略重点业务的的部门，是否在组织架构上得到强化 • 横（项目）纵（部门）设置是否合理，是否有利于促进业务发展，有利于提高组织效能	• 部门的新增、关停、合并 • 根据业务的不同特点采取不同的横纵设计（如大中台＋小前台、垂直部门＋跨部门项目组、小闭环等）
盘主将 （盘点子团队和必赢战役负责人）	• 有没有缺口 • 是否胜任 • 离职风险	• 主将的保留、调整、寻觅计划
盘梯队 （关键岗位后备人才）	• 数量情况（是否有缺口） • 准备度（还需要多长时间可接班）	• 接班人寻觅计划 • 接班人培养计划

在组织盘点时特别需要关注的是人才梯队的状况。对后备人才进行定期的盘点，尤其是关键岗位的后备人才是否足够，是组织人才供应链的关键环节。如果一个组织能做到人才生生不息，良将如潮，就为业务持续健康发展打下了坚实的人才基础。

组织盘点的最后一个环节，就是对关键岗位的人才梯队进行盘点（见表 3-6）。

表 3-6　盘点关键岗位的人才梯队

关键岗位	部门负责人	团队1负责人	团队2负责人	战役1负责人	战役2负责人	关键专业岗1	关键专业岗2
现任主管	×××	×××	×××	×××	×××	×××	×××
潜力接班人（可多人）	×××	×××，×××	×××	×××	×××	无	×××

（续）

关键岗位	部门负责人	团队 1 负责人	团队 2 负责人	战役 1 负责人	战役 2 负责人	关键专业岗 1	关键专业岗 2
可接班时间（即刻，1 年内，2～3 年）	2～3 年	1 年内	即刻	2～3 年	1 年内	无	2～3 年
接班人培养计划 / 空缺寻觅计划	给接班人×××扩大职责，多负责……	接班人轮岗计划	无	团队管理能力提升培训	进一步提升跨部门协同能力	招聘某特定方向的外部人员	增加大项目锻炼机会

各级管理者不仅要关注并花精力培养自己的接班人，也要关注下属的接班人，层层推进可以大大强化组织内各级人才梯队的建设。作为主管，通过"管一排，看一排"的方式，可以对关键岗位上的人才状况掌握得更加清晰，从而在排兵布阵时做到心中有数。

定阵型

在盘点组织架构的过程中，以如何让业务能够更加高效地达成战略目标为出发点，对组织架构进行优化。不同组织结构，适合的业务类型和业务阶段也不相同，表 3-7 对三种在业务单元中常见的组织结构进行了比较。

表 3-7   三种常见组织结构的比较

组织结构	特点	优点	不足	适合的业务特点
矩阵式	横纵交织： ①"纵"是指一个团队按照职责分工负责一块垂直的业务或职能，这部分通常以实体组织的形式存在 ②"横"是指项目或者战役中，由多个职能形成的短期虚拟团队 通常情况下，纵向为实线汇报关系，横向为虚线汇报或没有汇报关系，这种类型属于"弱矩阵式"。对于重点项目，为了强化项目管理，也会将横向设定为实线汇报关系，项目负责人有实际的考核权，这种类型就是"强矩阵式"	结构稳定，专业精深	缺乏灵活性，跨部门协作难度高	较成熟且稳定的业务；部门分工明确，重大项目需要多部门协同作战
前中台	横纵联合： 前台的业务线将某些可以共享的能力集中到中台部门。中台部门横向拉通，统一进行能力建设，并支持前台业务部门	中台有利于沉淀共享的组织能力，集约化使用资源，避免不同业务重复"造轮子"	中台作为组织内公共的基础架构，牵一发动全身，灵活性低，难以快速满足不同业务的需求	前端业务变化多，调整频繁；各业务之间有大量共享的能力（如技术、数据等）
小闭环	团队包含开展业务所需要的各类岗位，业务可在团队内实现闭环	反应速度快，灵活敏捷	团队成员对大组织的归属感弱、安全度低	创新类业务，团队规模小，业务快速迭代

定主将

部门或必赢战役的一号位至关重要，常言道：一将无能，累死三军。团队的一号位如果用人不当，轻则团队效能低下，重则贻误战机，导致整体作战目标的失败。因此，主将的选拔是组织工作中一件非常重要的事情。

不同的组织对于主将有不同的选拔标准，包括建立岗位胜任力模型，从过往业绩、专业能力、领导力、潜能、个性特点、年龄（如出于干部队伍年轻化的考虑）等多个维度进行评估，甚至采用更复杂的评价中心技术对关键人才进行测评。然而，"选对人"仍然是一个组织难题。被誉为"现代企业管理领域的传奇人物"的杰克·韦尔奇（Jack Welch），在回顾自己的职业生涯时，认为自己在人才选拔方面的成功率也不超过 30%。

管理者在判断各团队主将的人选是否合适时，最主要的判断一定来源于平时的观察。不管是对现任的主将，还是潜在的继任者，谁更符合业务和团队发展的要求，如果没有平时的深度接触和了解，是很难判断准确的。同时，为了避免片面印象造成的判断失误，管理者也可以借助人力资源部门、其他业务协同部门等的帮助，对主将人选在人际互动、跨部门协同、团队管理、企业价值观等各方面的信息进行综合评估，形成对主将人选尽可能全面的认知，从而提高管理决策的准确度。

在具体操作时，可以使用图 3-4 中的示例，将组织架构铺陈开来，对其中各团队的一号位进行盘点。

在图 3-4 的示例中，一级部门中的 Y 部门负责人 B 总监属于不适岗，需要进行替换；Z 部门的负责人 C 总监有离职风险，需要考虑

替补人选。二级部门中的 X1 部属于新增设的部门，负责人空缺；Y1
部是个老部门，负责人离职，目前也处于空缺状态；Z2 部的负责人
刚上任，时间不长，还需要一段时间适应新岗位，需要对其进一步
观察。

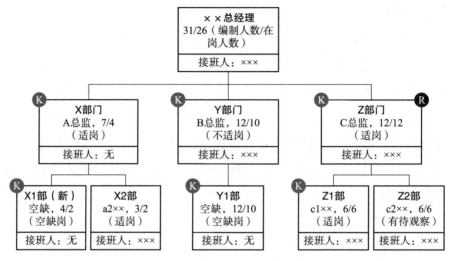

图 3-4　团队一号位盘点示例

注：适岗：完全符合岗位要求。

　　有待观察：基本胜任。

　　不适岗：和要求有明显差距。

　　空缺岗：寻觅中。

　　Ⓚ：关键岗位，这些岗位对业务至关重要，人才不易填补和培养。

　　Ⓡ：留任风险高，存在近 12 个月内离职的风险。

从这个组织大图中，可以直观地看出重点部门及其负责人（关键
岗位），以及各部门的兵力状况（部门编制总人数和在岗人数）。

在排兵布阵时，除了要满足当前业务的需要，也要有一定的前瞻
性，不能只为了今天去排兵布阵，还要考虑未来 1 ～ 3 年，业务会发

展成什么样子，团队应该是什么样子，需要什么样的人才，从而有策略、有步骤、有计划地去构建这样一支团队。

不同战场对于人的特质的要求会不一样，谁是合适的人，要看不同的战场上需要匹配的人的特质是什么，以及这个业务阶段更看重的是什么。以三种常见的业务类型为例，其所需的人才特质也不一样。

（1）创新业务：需要思考力强、进取心强的人才，具备很强的顶层设计能力；同时需要有一些冒险精神，敢于做一些可能会失败的决定。

（2）中台业务：要有比较强的系统架构能力，否则就容易变成见火救火，见坑填坑；扎实、稳健的性格更适合中台，不能有太多明显的短板，同时战功心态不能太强，要能耐得住寂寞，有甘愿在幕后的心态。

（3）前台业务：短距离冲刺能力要非常强，脑洞大、点子多，长板突出，能够突破关键的战场。

排兵布阵过程中的关键点

1. 重在沟通

排兵布阵涉及组织架构和人员调整，对团队会有较大的影响，因此团队负责人在这个过程中需要特别注意做好和上级主管、团队以及相关当事人的沟通。

（1）向上深入沟通，寻求主管和 HR 的帮助。

在业务梳理清楚后，如何对团队进行排兵布阵，这方面一定要跟主管有深入的沟通，坦诚地说出自己的判断和想法，多听听主管的建议，请主管多给一些输入。因为在后续落地过程中可能会遇到很多挑战，前期充分沟通不仅会让你少走弯路，避免踩坑，也能帮你在落地过程中得到主管充分的理解和支持。这个过程中，也要学会与 HR 打好配合，让 HR 配合你开展一些员工的工作，多维度地帮助员工看清楚、理解这个安排，把这个事情真正落实下来。

（2）视人为人，与团队充分沟通。

1）业务策略制定的过程让团队参与。这样大家就知道我们会往哪个方向走，对这个架构该是什么样有了一定的预判或理解。

2）和团队讲清楚背后的原因。要把你排兵布阵、组织人员调整背后的原因讲清楚，员工怕的不是组织调整，不是被调动，最怕的是被调整了、调动了，却不知道为什么，觉得自己是不被尊重的工具。管理者要有充分的耐心，回到业务方向和目标上，讲清楚团队的未来，团队 1 年、2 年、3 年会变成什么样子。组织人员调整的前提是为了支持业务发展、员工发展，这是所有事情的基础。

3）和关键人、当事人做好一对一"预沟通"。对面临调整的员工，特别是关键岗位的员工要做一对一的"预沟通"。视人为人，员工出现抵触情绪有时候不一定是因为他认为这个决策不正确，而是因为突然宣布变化，他是最后一个收到的，心理上、面子上都很难接受，这种情况应尽量避免，留点时间先与员工做预沟通，然后再宣布，员工就能感受到你对他的尊重和善意。在沟通过程中，有些人可能会感觉不舒服，需要主管坦诚、勇敢面对，这里切忌用信息差，或者把责任推给上级主管或其他人的方式，只有坦诚才是最好的方式，讲清楚调整背后的原因，帮助员工看到新的安排能够给他带来的成长和机会。

（3）沟通不是一次性的，团队调整后需要持续关注对团队、对个体的影响。

团队调整过程中沟通到位与否，会对员工后续的工作状态产生较大的影响。除了上面提到的这些关注点，还有一个关注点就是舒适度。如果新目标跟员工在过去的工作安排上有很大的冲突，如工作内容不一样了，标准也不一样了，能力要求也不一样了，一下子把员工拉出了原来的舒适圈，员工就很容易恐慌，我们要关注这个问题。这个过程是突变的还是渐变的，针对不同员工、不同团队、不同阶段，要制定相应的策略。尤其对新主管来讲，尽量减少突变的安排，尽量避免上任很短时间就做大调整（除非因为业务发展必须这样做）。调整之后，无论与团队还是个体，沟通都不是一次性的，对员工工作生活和精神状态的影响到底是什么，如何帮助大家做好心理过渡的准备，全身心投入新的战斗，这些方面的沟通是一个持续的过程。

2. 从业务和组织两个维度做推演

排兵布阵是一个复杂的事情，既涉及"事"，又涉及"人"，排完以后最好先做一个推演，确定没问题，再正式实施。就像考试的时候，做完试卷要先检查几遍再交卷一样。

这个推演主要从以下两个维度来审视。

- 业务维度。每个业务战场中关键岗位的人，目前是否能够胜任？胜算有多少？配备的兵力够不够？
- 人才和组织发展的维度。我们通过这些战场要磨炼哪些人？选拔哪些人？重点关注哪些人？是否满足了团队成长的诉求？

不能只关注"事"，忽略了"人"，因为最终决定事情成败的关键因素是"人"，因此既要考虑战场和人员的匹配，也要考虑战役之间的联动关系：这些战役一号位相互之间的协同信任有没有问题？一个战场／战役往往会涉及多个团队、不同的部门，他们彼此之间的分工是否足够清楚？他们的目标之间是拉通的，还是互相冲突的？经过这样的思考和评估之后，把可能的疑虑提前解决掉，更能确保排兵布阵的成功率。

3. 避免两种错误的用人心态

在排兵布阵过程中，还需要注意规避以下两点。

（1）不敢用人，总感觉没有合适的人，我只能自己来。

从个体贡献者成长为团队的管理者，一定要意识到，自己的角色已经发生彻底的改变，自己和团队员工的职责是"分层"的，不是"分工"的。如果你还去插手该由员工承担的事情，这时候你其实是在和团队员工抢事情，最后导致自己顾不过来，也没有时间去做管理者真正应该做的事情；而团队的员工也没成长起来，大家的成就感都非常差。

当你成为管理者，就意味着你一定要"舍弃"你原来在执行层面非常擅长和骄傲的一些技能，放弃原来一些传统意义上你认为很实的东西，因为组织把你提上来不是为了这样的价值。作为一名管理者，一定要视自己的团队为最大的财富，学习如何通过团队取得结果。要去调动每位团队员工的能动性，让他们有发挥的空间和成就感，在这个过程中成就他们。即使有的事情，你是团队中最有能力把它做好的人，你还是要找一个合适人选，来担任这个事情的责任人。让他去担当，你从一个管理者的角度去辅助他，帮他去建立信心，攻克难点。当你完成了这个转变，你会发现整个团队的运作越发顺畅了。这是管理者修炼的必经之路，也是最重要的心理转变。

（2）习惯用熟人。

从原有的团队带人出来，总觉得自己熟悉的人、自己带过的团队用起来最顺手，最容易配合，但往往忽略了因为过去配合的时间比较多，所以你们已经形成了固定的、惯性的思维习惯和合作模式，很难有新的突破。

作为管理者，一个很重要的责任是你要为组织不断地引进更多更优秀的人，以及在能力上和团队能互补的人，让团队能有不同的视角和方法去思考问题、解决问题。

排兵布阵是一个梳理生产关系的过程，合理的生产关系可以大大促进生产力的发展，推动业务向前发展。我们来看天猫国际的一个案例，学习如何通过不断优化生产关系，实现业务突破性成长。

问题 1: 擅长的"平台模式"在跨境电商业务中遭遇挑战。

随着国人生活水平不断提高并越来越多地走出国门，消费者对高品质海外原装商品的购买需求与日俱增，且呈现多元化、个性化趋势，海淘已经成为一个巨大的市场。

大量的消费需求通过代购入境，对国家而言，不仅错失潜在的消费市场和相关配套产业发展，还带来安全、税收和质量监管难题；对消费者而言，不仅售后服务没有保障，还经常面对假货的困扰。

在这样的背景下，天猫国际作为阿里巴巴一个从 0 到 1 的业务应运而生。

天猫国际业务最初选择了让商家来开店的"平台模式"。这是阿里巴巴擅长的模式，但这个模式在跨境电商业务中却遇到了很大挑战：一是要证明货是正品，二是要保证好的物流体验。

比天猫国际晚一年上线的网易考拉，是网易公司成立的自营跨境电子商务平台。虽然网易考拉是后来者，但精准地抓住了进口业务的这两个痛点。首先，解决正品问题的最好方法是自营，网易考拉采用的就是自营模式。其次，网易考拉自己开始拿地建仓，大量投资物流，这样做的好处是可以提供更好的物流和客户体验。在这种模式下，网易考拉的业务成长非常快，两者一度在市场份额上非常接近。

作为天猫平台的一块子业务，当时的天猫国际增长乏力，业绩垫底。消费者对其产品和服务也给出了很多负面反馈，NPS（Net Promoter Score，净推荐值）非常低，团队士气非常低落，团队中很多人都想要离开。

问题2：平台、自营出现内耗。

于是，阿里巴巴决定天猫国际要做自营业务。为了让业务前期跑得更快，自营业务以独立团队运作，并且很快完成自营能力从0到1的搭建，包括采购系统、商品发布系统、"单品打爆"能力等，但做着做着平台业务和自营业务就开始出现很多踩脚的问题。

这种踩脚首先会发生在品牌方那里。一件商品由平台团队引入了，自营团队又去找品牌方谈，品牌方就很混乱，不知道跟谁对接。

为了规避出现这样的问题，两个团队试图用黑名单和白名单的方式来解决争议，规定哪些商品平台可以采，自营不能采，反之亦然，但商品信息随时在变动，靠拉名单并不能解决根本问题。

内部流量分配也一样。两个团队，一个叫天猫国际平台，一个叫天猫国际自营，负责流量的小二也很困扰到底该把流量给谁，有什么区别。

"分两个团队去做前期会跑得比较快，但后期业务要起量，就面临很大的内耗。"天猫国际的负责人在回忆这个阶段的业务状态时说，"在经过了大半年的痛苦磨合之后，发现当生产关系不顺的时候，光靠磨合，或者在价值观、态度上提倡多协同，是没有多大用处的。"

而在这时，网易考拉势头越来越猛。生产关系的设计已经明显阻碍了业务的发展，"这时候只能动手术，靠药是治不好的"。

问题 3：能不能让上下游各个部门的合作变得更紧密，让所有职能像一支团队那样去工作？

在自营与平台业务痛苦地磨合了大半年后，阿里巴巴决定把这两个团队合在一起，由一个一号位带领整支团队，并且明确优先发展自营业务。

在当时日销只有几十万元的情况下，阿里巴巴还给天猫国际设定了一个当年双十一自营日销破千万的目标。

在这样的目标下，天猫国际对自营和平台两个业务团队进行了重新整合。调整分两步走。第一步，把部分商品的自营和平台团队进行了整合。之所以没有一步到位，是因为天猫国际的目标是优先发展自营业务，但如果合并后自营业务没有起来，平台业务反而下滑，团队和商家的信心将面临极大挑战。

经过调整后的当年 10 月，天猫国际实现了单日销售额破千万元的佳绩，提前完成了双十一日销破千万元的目标，增长也开始翻番。团队摆脱了前两年的低迷状态，小二、商家和合作团队都开始更有信心。

试点成功之后，第二步，把所有商品的平台和自营业务全部进行整合，成立统一的天猫国际商品中心，而天猫国际自营店也成为当时天猫最大的店铺。

在内部整合完成之后，大家开始发现，当时客服、菜鸟、产品、招商都各自有各自的主管，但业务要做到极致，必须进行每日的计划性运营。如采购多少合适，要不要做活动，菜鸟需要准备多少仓，客服需要配置多少人，大家需要有特别强大的耦合机制，否则在强协同过程中难免出现权责利边界模糊、速度不够快的情况。

为了让上下游更紧密更敏捷地协同，天猫国际进行了"六合一"的组织调整。

第一，围绕不同的商品品类，组建各自的联合战队，商品品类的负责人是这个战队的一号位。联合战队的成员由六个不同部门的人员构成，其中不仅包括负责商品管理的人员，还包括采购、物流、客服等相关支持部门的人员。这个联合战队实际是一种虚拟组织的模式，其成员在编制上还属于原部门，在日常管理和考核上由原部门和联合战队的负责人双线负责。第二，配置资源用以改进团队能力短板，如加强运营能力、营销能力等。第三，联合战队成立后建立经营月度会和考评机制。第四，创造条件并且鼓励联合战队在日常工作中尽量坐到一起，这样有利于促进协作氛围、培养团队默契。

这一调整进一步使得生产关系和业务之间形成正向共振。此后也是天猫国际增长最快的一年，至2019年，天猫国际已成为阿里巴巴所有自营业务中体量最大的业务，在阿里生态中真正站住了脚跟。

很多业务问题其实是组织问题造成的，组织生产关系不顺，必然会严重制约生产力。在业务推进过程中，研究遇到的卡点问题，及时优化排兵布阵，是管理者的一项关键职责和重要能力。

通过梳理上述案例生产关系调整的关键节点（见图 3-5），可以清晰地看到，天猫国际如何从问题出发，通过结构调整，推动业务发展的整体脉络。

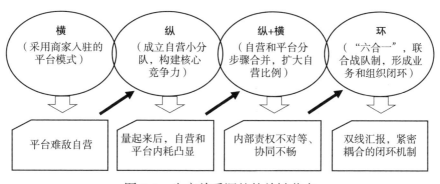

图 3-5　生产关系调整的关键节点

以发展为导向进行人才盘点

排兵布阵的关注点在于团队整体的架构是否合理，各子团队的负责人是不是最佳人选，以及这些岗位对应的梯队人才状况。这三点确定以后，团队整体的框架就有了。接下来，就要看一下兵力的实际情况：兵力是否充足？人才结构是否合理？关键岗位的人才储量如何？通过对团队人员整体情况的分析，我们实际是在回答这样一个关键问题：目前的这支团队是否有实力拿到预期的结果？

要回答这个问题，就需要对目前团队整体的人才情况进行盘点。

人才盘点这个动作往往是在进行年度规划的时候自上而下统一进行的。在某些情况下，如团队业务有较大的调整，或者团队的一号位有更替的时候，也会通过人才盘点对团队人员的情况进行梳理。无论以上哪种情况，人才盘点的目的都是厘清团队当前的能力与资源现状，进而结合需要达成的目标来看接下来需要采取什么样的人才策略，包括梯队建设、培训发展、激励保留、人员汰换、人员招聘等，以确保团队能够达成预期的业务目标，并且在业务发展的过程中实现团队的持续成长。

常用的人才盘点方式是九宫格盘点法，从绩效和潜力两个维度进行评估，对处于不同区间的员工规划不同的用人方向和发展策略。例如，对处于双高（高绩效、高潜力）区间的员工可以扩大其职责范围，优先晋升，重点培养。对处于双低区间的员工，应重点考虑培训或转岗，如果连续多次处于双低区间，就要考虑进行汰换。

九宫格示意图如图 3-6 所示。

在绩效和潜力这两个维度中，绩效是反映过去的维度，即在过往所取得的业绩如何。绩效成绩是相对客观的，甚至是量化的。与此不同的是潜力维度，它是对未来的预判，在 VUCA 环境下，组织面临的未知挑战比以前更多，在高度不确定性的情况下，过往取得业绩的逻辑和方法未必奏效，过去具备的专业能力未必适应未来的需要。换句话说，过去优秀未必代表未来能成功。这也是为什么越来越多的企业更加重视员工的底层能力和个性特点，并且把对这部分的识别和评估作为判断员工潜力的重点。

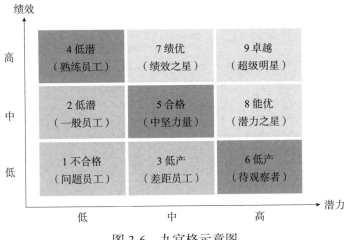

图 3-6　九宫格示意图

全球知名的高管寻猎和评估、发展领导力的管理咨询公司亿康先达（Egon Zehnder）的资深顾问克劳迪奥·费尔南德斯-阿劳斯曾在《哈佛商业评论》发表了一篇文章《选才新标准：潜力比能力更重要》。他在文章中介绍了一个典型案例：他曾经为某企业猎聘一位高管，在寻猎候选人之前，克劳迪奥与企业高层共同制定岗位描述，然后开始寻猎和评估候选人。"最后找到的候选人符合所有条件：毕业于顶级院校，有业内几家顶尖公司的工作经历，担任过一家有国际声望大公司的区域经理。更重要的是，候选人在岗位描述中所列的每项'能力'得分都达标。但事实证明上述这些条件都不足以确保候选人胜任工作，因为他无法适应当时技术、竞争和法规方面出现的巨变。任期内表现平庸，公司不得不在 3 年后劝退他。"

为什么这位看似合适的人选，却在实战中败北？关键在于潜力，即具有成长为复合型人才和适应复杂多变环境的能力。

在经历过多次类似的案例后，克劳迪奥提出，在加速变化的业务环境中，潜力已成为识别人才的重中之重。环境变幻莫测，市场对人才的争夺越来越激烈，企业及其领导者必须迈入识别人才的全新时代。关键要看的不是员工目前拥有的能力，而是员工是否具有学习新能力的潜力。

到底什么是潜力？拉姆·查兰认为，潜力是个体对岗位的准备度，即一个人能否从现在的职位转换到另一个具有不同挑战、责任更大的职位，包括意愿与所需的管理技能、思维方式。

如果把一个人当前表现出来的能力看作"冰山在水面之上"的部分，那潜力则是"冰山在水面之下"的部分，如价值观、个性特征、成就动机等。这些是人内在的、难以测量的部分，它们不易受到外界的影响，却对人的行为与表现起关键作用。

心理学家戴维·巴斯（David M. Buss）早在 40 余年前就证实，学术能力／知识技能并不能预测工作绩效的高低和个人职业生涯的成功；从根本上影响个人绩效的是成就动机（意愿）、人际理解（个性）等特质。

潜力在人才评估中非常重要，但要想准确地评估潜力却是一件非常难的事情。制定的潜力标准可能和未来真正的需求不匹配，尤其是在当今变化迅速的环境下，对个体能力需求的优先级也在变化，例如，在确定性比较高的环境下，员工勤奋敬业、高效执行是最重要的。但在不确定性比较高的环境下，员工的适应能力、学习能力就更为重要。所以，潜力标准实际上代表了对未来环境是什么样，以及需要具备什么样的能力的一种判断和选择。如何定义这个标准是第一个难点。

制定了潜力标准后，接下来就是对目标人群进行测评。在人才测评领域有大量的工具和方法，如心理测验、个性特点测验、领导风格测验等。使用什么工具和方法进行测评，能够既经济又保证足够的效度和信度，是对潜力进行评估的第二个难点。

测评完成后，接下来就是培养和发展环节。人才的测评、培养和发展要环环相扣，在识人用人机制上要打通。对于发现的高潜员工，要制订有针对性的个人发展计划（Individual Development Plan，IDP），帮助员工快速成长。

完成培养后，合格的人才要有发展通道，而不是花费了大量的资源进行培养，最后却没有用人之所，导致"有培养，没发展"的局面。这样会给高潜人才造成巨大的心理落差，出现高潜人才的"意外"流失。出发点很好的人才发展项目却适得其反，得不偿失。

这些都是测评后结果应用的关键环节，只有各个环节都高质量地完成，才能形成人才梯队的闭环发展，进而打造企业自己的人才供应链。

尤其是管理者的识别对一个组织尤为重要。选拔和培养有潜力的管理者，尤其是高级管理者，决定了组织能否保持持续的战斗力，可以说这是组织的头等大事，也是一号位在组织工作中最重要的一件事。但是对于潜力的识别，行业并没有统一的标准，不同的人力资源管理咨询公司有各自不同的模型。通过对几家著名专业机构的潜力模型进行对比，我们也可以看到一些共性的要素，为关键岗位人才进行潜力识别提供参考。

在不同专业机构的模型中，有的机构将其称为"潜力模型"，也有的机构称之为"潜质模型"。因此，首先我们需要了解"潜力"和"潜质"有什么区别。

"潜力"（Potential）指的是潜在能够发挥的能力和潜在的发展空间，强调的是未来的可能性，潜力的发挥依赖于外部条件；"潜质"（Prospect）指的是一种本质的、不易改变的特质，强调的是个体内在的素质。

可以简单理解为：潜力（未来的可能性）= 潜质（内因）+ 环境（外因）。

我们常会听到体育教练用类似下面的话评价一位运动员：这位运动员的身体条件特别适合这项运动，他不仅能吃苦，还敢于拼搏，有特别强的求胜心。如果经过科学系统的训练，再多参加一些大赛积累经验，将来很可能在世界级大赛中取得很好的成绩。

"身体条件""能吃苦"和"求胜心"，这些都是这位运动员内在的特质，甚至是与生俱来的特质。这些特质就是这位运动员的独特"潜质"，如果这些潜质再加上"科学系统的训练"和"大赛经验"，这位运动员就有"取得世界级大赛好成绩"的潜力。反之，如果这位运动员没有机会得到合适的训练，缺少参加大赛积累经验的机会，即使有很好的潜质，潜力也发挥不出来。

潜质是潜力的内在基础，潜力是潜质在未来的外在表现。在分析个体内因的场景中，常常使用"潜质"，而在关注未来发展的场景中，常常使用"潜力"。在日常工作中，这两个词经常混用，但其本质的含义其实是不同的。

合益集团的潜质模型框架

在合益集团（HayGroup）的潜质模型框架（见图 3-7）中，潜质是某人目前能力与未来岗位职责要求的匹配度，以及个人潜在的成长因素及可能出现的阻碍因素。

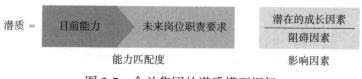

图 3-7 合益集团的潜质模型框架

能力匹配度可以通过胜任力模型、岗位说明书、层级要求这些相对明确的标准进行判断；潜在的成长因素侧重正向的个性特质和心智模式；阻碍因素不仅包括不利于个体发展的个性特质，也包括组织的文化特质和管理风格中，有可能对个体的发展造成负面影响的因素。

"潜在的成长因素"包括如下四个维度。

（1）多视角。

多视角代表了跨领域思考的能力。

- 该员工是否能够摆脱岗位本身的限制，将岗位本身和超出岗位之外的有用信息很好地联系起来？
- 该员工是否能用一种创新和有效的方式，去思考属于更高岗位应该考虑的问题？
- 该员工是否能够将复杂的问题向前推进直至最后落地解决？

（2）好奇心。

好奇心代表了自我学习的能力。

- 该员工是否展现了较强的好奇心和学习愿望，而这些都是高于岗位本身要求的？
- 该员工是否乐于任职全新的、有挑战性的岗位，并且敢于面对风险，能够尝试用不同的方法去解决工作上的困难？

（3）同理心。

同理心代表了社会洞察力及人际理解力。

- 该员工是否能够仔细聆听他人的观点并澄清问趣的关键所在，而不是对他人或其动机妄下结论？

- 该员工是否能够主动去理解他人？
- 该员工是否能够尊重他人，并且能够更多地看到他人的优点和长处，而不是更多地关注别人的缺点和短处？（如果某人经常看到他人的缺点，无论他的看法是否准确，都表明该员工不具备同理心。）
- 该员工是否经常提及他人的优点？

（4）成熟度。

这里的成熟度代表的是情感的成熟度。

- 该员工在困境下是否能够保持情感的稳定性，而不是随意将不满的情绪发泄出来导致事情变得越来越糟？
- 该员工是否能够很快从失败中振作起来并且从中吸取失败的教训，而不是大发脾气、责怪他人？
- 该员工是否愿意接受他人的批评并且从中学习如何改进和提高，而不是面对他人的批评建议拼命反驳致使类似的错误重复发生？
- 该员工是否关注集体的利益，而不是首先坚持个人利益而忽视集体利益？

对于"阻碍因素"，合益集团列举了以下典型的负面因素，不同的组织也可以根据自身组织的特点和对人才的要求进行调整。

（1）个人因素。

- 目光短浅，过于关注目前的结果和技术专长。
- 总是自认为比他人聪明。

- 不能耐心和正确地聆听他人的思想和见解。
- 缺少自我控制，情绪低落，易怒和以自我为中心等。
- 太过极端的特质，如太过于亲和，太过于强调结果，太过于追求完美等。

（2）组织因素。

- 只看绩效，对错误视而不见。
- 放任主义的政策错误。
- 轮岗的错误。
- "一名优秀的经理能够管理一切事情"的思想错误。
- 频繁晋升的错误。

怡安翰威特的潜力模型框架

怡安翰威特（Aon Hewitt）认为，评估高潜人才不应该仅仅参考短期的突出绩效或者管理层意见。识别高潜人才不应基于主观的或是带有偏见的所谓"直觉"，而应该借助可靠的心理测验工具，并在管理者和员工之间开展频繁的人才对话的基础上进行。怡安翰威特评估高潜人才的三个核心维度分别是能力（Ability）、敏捷（Agility）、抱负（Aspiration），因此怡安翰威特的潜力模型被称为3A 模型。

（1）能力。

高潜人才是否拥有诸如驱动力、志向、社交技能、情商、毅力、韧性和影响力等领导必须具备的胜任力，以使他们发挥出卓越的领导水平？

构成这个维度的因素包括以下内容。

- 专业的技能和胜任力。
- 行为方面的技能和胜任力。
- 领导力技能、胜任力和管理风格。
- 认知能力。
- 情商。

（2）敏捷。

高潜人才是否拥有不断学习、适应环境、掌握新技能和经验的渴望和能力，并且所有这些都必须很快就绪？

构成这个维度的因素包括以下内容。

- 适应性风格、积极性和自知性。
- 变革准备度、灵活性。

（3）抱负。

组织必须考虑高潜人才担当更大职责角色的渴望和意愿。如果个人没有足够的雄心和抱负，仅仅因为业绩好而被晋升到需要承担更大责任的岗位，甚至被拔苗助长，不仅对团队不利，也容易导致这位高潜人才的职业生涯失败。就好比一个伴唱歌手才华横溢，但并不意味着他想成为主唱，如果错误地将他推到主唱的位置，可能的后果是既没有得到一位好的主唱，又失去了一位好的伴唱。

构成这个维度的因素包括以下内容。

- 进取心。
- 敬业度。
- 动机和价值观。

对于"冰山在水面之下"的部分，怡安翰威特关注的个性特质侧重于情商、积极适应、进取心、动机和价值观。

光辉国际的潜力模型框架

光辉国际（Korn Ferry）的 KF4D 全人模型（见图 3-8），是光辉国际人力资源解决方案的方法论基础。该模型从以下四个维度了解人。

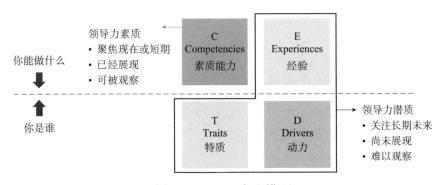

图 3-8　KF4D 全人模型

- 素质能力：反映人才在现岗位上具有的技能，包括硬技能以及软技能，如领导力技能。
- 经验：人才为了胜任未来的岗位，哪些能力和经验能帮助他们更好地适应未来的需要。
- 特质：个人展现出的胜任未来岗位的可能性。
- 动力：个人在岗位上持续发展并追求更高目标的能量来源。

光辉国际认为，作为管理者，其"素质能力"反映的是在当前职位上的表现。未来是否能够在更高层级上担任更具挑战性的角色，需要从经验、特质、动力这三个维度综合衡量人才。基于这三个维度，光辉国际设计了领导力测评工具 KFALP，包含学习敏锐度、经验度、认知度、逻辑思维、内在动力、领导力特质、脱轨风险因素 7个因素。

（1）学习敏锐度。

• 他们能多快适应一个全新的环境？
• 他们多大程度上能够从自己的经验中学习，并将这些经验应用于实际？

（2）经验度。

• 他们过往的经历有多成功？
• 他们过去的经验多大程度上能够帮助他们胜任下一个角色？

（3）认知度。

• 他们对自己的优势和弱点有多了解？
• 他们多大程度上能够意识到自己对别人的影响力程度以及周围环境的情况？

（4）逻辑思维。

• 他们能多快速地理解各种复杂的概念？
• 他们在多大程度上能够辅导他人成为解决问题的能手？

（5）内在动力。

• 他们在领导者角色上有多投入？
• 他们在多大程度上能够被承担更多责任和调整的机会所驱动？

（6）领导力特质。

- 他们的行为符合组织对一个优秀领导者的要求吗？
- 他们在多大程度上是个符合时代特征的领导者？

（7）脱轨风险因素。

- 他们不能成功担当目前角色的可能性有多大？
- 他们的职业生涯可能面临怎样的风险？

亿康先达的潜力模型框架

全球知名的高管寻猎和评估、发展领导力的管理咨询公司亿康先达基于多年的实践和研究，提出了"1+4"潜力模型（见图3-9）。

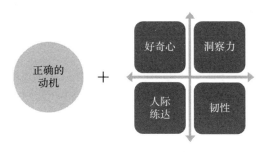

图 3-9　"1+4"潜力模型

（1）正确的动机。
以强烈责任感和极高投入度去追寻一个大公无私的目标。
（2）好奇心。
渴望获得新体验、新知识以及别人反馈，以开放心态学习和改进。
（3）洞察力。
收集并准确理解新信息的能力。

（4）人际练达。

善于运用感情和逻辑进行沟通，能够说服他人并与他人建立联系。

（5）韧性。

面临挑战或在逆境中受挫时，依旧能为目标不懈努力。

北森的潜质模型框架

国内较早进入人才测评领域的人力资源管理服务机构北森（Beisen），通过对大量优秀领导者的共同特质进行分析归纳，提出了A-FAST高潜人才模型。北森认为未来领导者是具备担任企业高级别领导者潜质且对组织有同盟感的人才。其中，潜质主要包含四个方面（见图 3-10）。

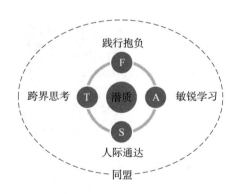

图 3-10　潜质包含的四个方面

（1）践行抱负（Fulfilling aspiration）。

渴望去承担更大的责任，追求更多的职业发展空间，并且愿意投入时间和精力去实现。

（2）敏锐学习（Agile learning）。

有好奇心，愿意学习新知识，对新知识持续应用和总结。

（3）人际通达（Social influence）。

洞察他人需求，用令人信服的方式对他人施加影响，激发他人的潜能。

（4）跨界思考（Thinking beyond boundary）。

多角度、跨领域思考并解决问题。

在这些潜力／潜质模型中，有的模型将能力或经验这类"冰山在水面之上"的素质也纳入潜力的综合考察要素中，如合益集团的模型中包括"能力匹配度"，需要评估人才目前的能力在多大程度上符合未来岗位职责的要求；怡安翰威特不仅将"能力"作为模型中的一个要素维度，而且对能力进行了更具体的划分，比如对于专业人才，要评估其目前的专业技能和胜任度，对于管理者，要评估其领导力技能、管理风格等；光辉国际则把"经验"作为潜力模型的一个评估维度，根据过往成败经验来判断其和未来角色的符合程度。

此外，这些模型的共性，就是都高度关注"冰山在水面之下"的部分。个性特质、价值观、动机这些内在素质是所有模型中的重点组成部分，而且在模型要素中所占的比例更高。尽管各自的结构不尽相同，在表述上的文字用语不同，但是仍然可以发现，这些要素的重合度是很高的。正如前文所述，判断员工是否有高潜力，员工当前具备好的技能和经验只是入场券，更关键的是看员工的成就动机、个性特质、价值观这些内在素质，尤其在高不确定性的环境中，这些内在素质就会更加凸显。

表 3-8 是对各潜力／潜质模型中的结构（维度）和要素进行的对比，以及对潜质共性要素的归纳。

表 3-8   各潜力 / 潜质模型对比及归纳

	分类	维度	潜质共性要素
合益集团	（1）显性能力（2）个性特质	（1）能力匹配度：目前能力与未来岗位职责要求的匹配度（2）影响因素①潜在的成长因素 • 多视角（跨领域思考） • 好奇心（自我学习） • 同理心（社会洞察力及人际理解力） • 成熟度（情感的成熟度）②阻碍因素 • 个人因素 • 组织因素	（1）成就动机 • 怡安翰威特：抱负 • 光辉国际：内在动力 • 亿康先达：正确的动机 • 北森：践行抱负 （2）学习力 • 合益集团：好奇心（自我学习） • 怡安翰威特：适应性、变革 • 光辉国际：学习敏锐度 • 亿康先达：好奇心 • 北森：敏锐学习 （3）人际力 • 合益集团：同理心、成熟度 • 怡安翰威特：情商 • 光辉国际：认知度 • 亿康先达：人际练达 • 北森：人际通达
怡安翰威特	（1）显性能力（2）个性特质（3）内在动力	（1）能力 • 专业的技能和胜任力 • 行为方面的技能和胜任力 • 领导力技能、胜任力和管理风格 • 认知能力 • 情商 （2）敏捷 • 适应性风格、积极性和自知性 • 变革准备度、灵活性 （3）抱负 • 进取心 • 敬业度 • 动机和价值观	

（续）

	分类	维度	潜质共性要素
光辉国际	（1）能力或经验 （2）个性特质 （3）内在动力	• 学习敏锐度 • 经验度 • 认知度 • 逻辑思维 • 内在动力 • 领导力特质 • 脱轨风险因素	（4）洞察力 • 合益集团：多视角 • 怡安翰威特：认知能力 • 光辉国际：逻辑思维 • 亿康先达：洞察力 • 北森：跨界思考
亿康先达	（1）个性特质 （2）内在动力	• 正确的动机 • 好奇心 • 洞察力 • 人际练达 • 韧性	
北森	（1）个性特质 （2）内在动力	• 践行抱负 • 敏锐学习 • 人际通达 • 跨界思考 • 同盟感	

在潜质共性要素中，成就动机是第一位的，如阿里巴巴强调"要性"，华为看重"狼性"，其实都在关注人才是否有渴望成功的强烈意愿。在人才选拔时，成就动机是首先要进行评估和判断的。如果一个人对将来承担更大的责任、解决更大的问题、实现更大的目标抱有强烈的渴望，这种内在的驱动力会给人带来巨大的能量，在遇到困难时会千方百计想办法，遇到挫折时也不会轻言放弃。

学习力的底层特质是拥有好奇心，对新事物敏感，有强烈的探究兴趣，能够快速获取相关信息，形成自己的观点和方法并应用于实践。学习力让人始终保持一种开放的、学习的状态，不僵化，不自负，能够更加敏捷地适应环境的变化。

"人际力"代表的是对自我和他人情绪的感知、理解和把握，以及由此带来的高质量的互动关系。拥有良好的"人际力"，就可以更有效地协调组织资源，把事办成。

"洞察力"强调的是认知模式，是线性思维、片面思考，还是全局思维、系统思考；是把现象当问题，还是能够透过现象看到本质。尤其对于承担跨职能管理、需要解决系统性复杂问题的角色，这是一项关键的核心素质。

在实际应用中，企业会根据自身的业务特点和人才审美偏好，确定自身的通用人才画像。例如，阿里巴巴定义的人才特质是"聪明、乐观、皮实、自省"，而华为把"主动性、概念思维、影响力、成就导向和坚韧性"作为人才的五项关键特质。有了人才画像，企业在进行人才潜力评估时，这些个性特质就可以成为潜力评估的关键要素。

由于潜力模型包含"冰山在水面之下"的部分，如个性、价值观、动机等，如何评估这些要素以保证潜力评估的信度和效度就成为难点。使用复杂的测评技术成本既高又耗时，各种行为观察和心理测评的方法也让人"雾里看花"，将信将疑。因此，在大多数的企业组织中，潜力这个维度在实际的人才盘点中并没有得到足够的重视。只有对人才战略关注度比较高，且对人才测评有一定经验的企业，才会进行高投入的人才评测，而且应用的场景大多是针对少数关键岗位的人才梯队识别和建设项目。

也有企业把人才九宫格的"潜力"维度替换成了"能力"。能力是"冰山在水面之上"的部分，比较行为化，所以相对容易识别和度量。用当下具备什么能力来评估，虽然省事省力，但是却省略了对人才未来成长性和可能性的评估和判断。

更糟糕的情况是，因为缺乏标准和相对客观的评估方式，潜力评估成了一种标准不透明、模棱两可、少数人主观下结论的游戏。潜力评估名不副实，使得原本由"绩效"和"潜力"构成的二维人才评估维度，客观上蜕化成了只靠过往"绩效"决定的人才价值体系。这让人才盘点成了一边倒的看过去，而不看未来，也就失去了以人和组织的发展为导向进行人才盘点的意义和价值。

了解潜力的重要性，以及有哪些典型的潜力模型，其意义在于团队即使在不引入专业机构的情况下，依旧可以基于典型模型，结合自身特点，通过轻量化的设计和测评，拿到相对客观的评估结果。

具体做法是，参考专业机构的潜力模型并结合团队自身的特点进行优化，制定出符合自身团队需要的潜力标准。以这个标准为基础，设计调查问卷。操作上，通过 360 度反馈的方式收集来自上级、上级的上级、下级、同级、客户等的意见，对团队中的关键岗位人才进行测评。这种方式更加轻量化，对组织的扰动更小，投入的成本也更小，能保证基本的效果，更容易应用和落地。

通常，潜力评估分布也会按照类似绩效分布的方式，采用 20%/70%/10% 的正态分布比例或 30%/60%/10% 的偏正态分布比例（示例见表 3-9），从而避免在潜力评估时不能拉开档位，难以发现真正的高潜人才。

人才盘点本质上是一种价值盘点，这个价值是过往价值（绩效）与未来价值（潜力）两个维度的组合。尤其是在 VUCA 环境下，变化成为常态，对组织而言，更加重要的是员工是否具备应对未来的潜力，而不是员工之前取得过哪些成就。只有重视"潜力"且有轻便可行的评估方式，让这两个维度的价值盘点在人才盘点的过程中都能落实，才能真正发挥人才盘点的作用。缺少了或者淡化了对未来价值

（潜力）的评估，人才盘点的价值也就被拉低了，甚至失去了其本身的价值。

表 3-9　阿里巴巴潜力评估分布比例

综合潜力	描述	建议比例
高	能力和表现都突出，一定可以向上晋升，且突破就在一两年内	30%
中	具有向上晋升的可能，但突破需要时间，有可能一两年，但也许更长时间	60%
低	现有能力及表现预期已进入瓶颈期，无法向上晋升	10%

人才盘点完成后，就可以从绩效和潜力两个维度上，对团队目前人才的分布情况有一个整体性的了解。针对处于不同区间的员工，在用人和发展策略上，可以参考如图 3-11 所示的指导原则。

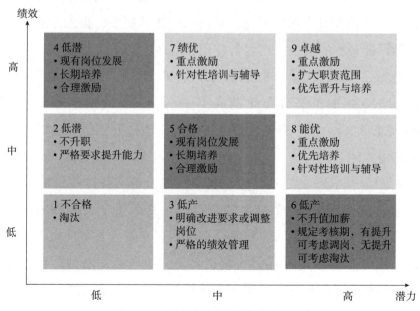

图 3-11　用人和发展策略指导原则

（1）7、8、9 区域的员工，属于绩优、能优、卓越类员工，需要重点关注。在用人策略上要把这部分人放在主战场上、主战役中，激励和培养资源向这部分人倾斜并优先发展这部分。

（2）对于 4、5、6 区域的员工，整体用人策略上以培养为主。其中，4 区域的员工在保持业绩贡献的同时需要提升适应未来的能力，否则很难持续高产；5 区域的员工要寻找能够激发自身热情的点，进一步提升业绩和能力；6 区域的员工要快速定位业绩不佳的痛点，如果是人岗不匹配，可进行调岗。如果连续盘点均在 6 区域的员工可考虑淘汰。

（3）对于 1、2、3 区域的员工，整体策略以考察和淘汰为主。为 3 区域的员工设定绩效改进期和改进计划，如无提升可考虑淘汰；2 区域的员工可通过培训、辅导等方式帮助其提升能力，并对能力提升提出明确要求；1 区域的员工属于不合格员工，在符合相关法律制度的前提下进行淘汰。

不同类型的业务匹配不同的组织形态

随着时代的变迁，商业环境已经发生了深刻的变化。

在这些变化面前，企业面临的既是挑战，也是机遇。当业务在转型、创新、突破、重构的时候，如何构建新的组织形态，对推动企业整体发展、实现转型升级至关重要。对业务一号位而言，这显然是在组织战略方面非常关键的一项课题。

不同类型的业务，其发展的核心驱动力不同，因此对组织形态的需求也不相同。按照业务驱动力不同，我们把业务分为效率驱动型和创新驱动型两类。

效率驱动型的业务，业务价值链条上的各个环节必须紧密配合，才能实现高效运转。这类业务需要组织有高度的一致性，强调的是分工明确、流程清晰、配合默契。

创新驱动型的业务，则需要激发个体的主动性和创新活力，因此需要组织有一定程度的"灰度管理"，淡化职责边界，让员工有更灵活、更自主的创新空间。部门之间的边界也不再是刚性的，可以围绕新的创新点快速组建起由不同专业人员构成的特战部队，通过自闭环的方式，更加快速地试错和迭代。

对于已经有了成熟业务，同时又在探索新业务突破的组织，则既要在成熟业务上不断提升效率，精益求精；又要激发创新，打造新的业务突破点。这种情况下就需要兼顾效率驱动和创新驱动这两种不同业务类型使其平衡。

除了业务驱动力，还有一个影响组织形态的关键维度，就是业务确定性。所谓"确定性"是指业务未来的发展前景和发展轨迹是否可预期。基于这个维度，我们可以把业务分为高确定性的业务和高不确定性的业务两类。

高确定性的业务，其特征表现为业务的需求稳定（如能源类的业务、大众基础消费类的业务）或者所处行业的格局稳定且进入门槛较高（如高科技、金融、医药等行业）。高不确定性的业务通常处于如下两种情况。一种是业务处于发展初期，产品和服务还在不断优化，价值链尚未固化，应用场景仍有待探索。另一种是虽然处于传统行业，但是出现了巨大的影响行业格局和发展前景的因素，如新技术应用于生产端（如新能源汽车对于传统燃油汽车的冲击）或消费端（如电商对于传统线下零售的冲击）。这类业务就属于高不确定性的业务。

　　高确定性的业务，对组织稳定性的要求较高。除了内部职责的边界要清晰，在组织机制上还需要通过固化规则、流程来大规模复制组织最佳实践。在组织文化上重视权威，层级分明。在信息传递上是从上至下的链条式传递，以保证行动方向统一，让价值创造的过程更加稳定且高效。

　　高不确定性的业务则需要组织更加敏捷灵活，当外部环境发生变化时，能够快速感知、快速响应、快速交付。这就要求组织内部的能力可以模块化，能够快速组合产出不同的产品或服务。组织内的信息传递要打破壁垒，把信息传递延迟和误差减到最小。在组织文化上崇尚平等，减少对个体间权利的区分，如企业员工（包括高管）都使用开放式座位，在敏感性可控的原则下尽可能开放业务信息平台，弱化头衔、职称、工号等层级或身份标签，鼓励自由、无障碍沟通。在层级上扁平化，在管理上加大授权、减少管控，适度放宽审批门槛，提高决策效率。

　　业务驱动力和业务确定性这两个维度中，驱动力关注的是组织能力，是向内看；确定性关注的是环境变化，是向外看。我们用这两个维度构成一个二维矩阵，并划分出四个象限（见图 3-12）。每个象限对应一类业务状况，每类业务状况也对应一种组织形态的最佳实践。业务一号位可以反观自己的业务和组织现状，对照这四个象限思考自己未来的业务发展，思考在组织形态上需要做什么样的调整。

　　这四个象限中的组织形态，包含了三种基本类型：职能型、平台型和网络型（见图 3-13）。

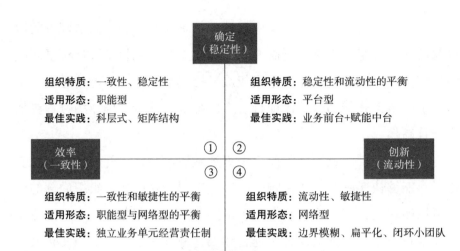

图 3-12   业务特征与组织形态匹配四象限

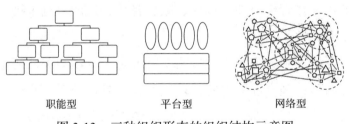

图 3-13   三种组织形态的组织结构示意图

1. 职能型组织

职能型组织结构是管理学家亨利·法约尔（Henri Fayol）在 20 世纪初提出的，所以又称"法约尔模型"。这种组织形态的组织结构按职能来组织部门分工，即按照不同的专业职能、业务范围，将相关人员组合在一起，构成不同的部门，从企业高层到基层，形成一个类似金字塔形的组织结构。

这种组织结构分工明确、职责清晰。组织目标可以自上而下进行逐层拆解，有利于确保整个组织目标一致和精准执行。当上级有明确指令时，可以快速传递到组织中的每个人，有利于协调指挥和统一行动。由于这种组织结构业务标准化程度比较高，可以进行能力的快速复制，迅速扩大业务规模。同时，通过固化的职能和机制提升运营效率、防范风险，在推动业务发展的同时，保障组织的稳定。职能型是一种以运营效率最大化为导向的组织结构，也是大多数组织所采取的一种组织结构。

职能型组织结构虽然有诸多优点，但相对固化的职能和机制流程，会限制组织的创新活力，尤其是来自一线的边缘创新，而边缘创新往往是业务转型突破的源泉。另外，业务决策需要先层层上报再分析决策，导致组织对外部市场的感知和应变迟缓。固化的职能也容易滋生本位主义，形成"部门墙"，进而影响组织的协同效能。

从以上特点可以看出来，职能型组织适用于客户需求变化不大，市场比较稳定的情况。

2. 平台型组织

平台型组织结构是在职能型组织结构的基础上发展而来的，在保留业务部门边界的同时，将可以共享的业务能力抽取出来，形成独立的部门。这些部门在横向上"躺平"，成为前端不同业务单元的赋能中台，为前端业务的发展提供支撑。

设立中台后，前台业务部门能更加聚焦客户需求和业务运营。中台部门可以整合各业务单元的最佳实践，将其沉淀为组织的共享能力。当前台业务部门提出新的需求时，中台部门可以利用已有的能力模块进行组合或二次开发，进而更快地提供定制化的产品或服务。这不仅能提升整个组织的客户响应速度，也能降低创新的试错成本，还可以规避相同或类似的功能在不同业务单元内重复开发，造成资源浪费。

通过建立共享的中台部门模式，可以在一定程度上突破部门边界，加快组织内技术、知识、人才、信息的流动，有利于更好地节约成本、提高效率、激励创新。

和职能型组织相比，平台型组织虽然提高了组织内部的协作效率，提升了创新能力，但是由于前台业务部门不单独具备这些平台能力（如产品设计、技术开发等），在面临用户需求多变和市场不确定性加剧的情况下，就难以做到高频迭代产品或服务，以及对市场变化进行更敏捷的应对。而且，搭建中台需要投入大量的资源，如果组织的规模比较小，业务条线比较少，建立中台就未必经济。

从平台型组织结构的这些特点来看，这种组织结构比较适合业务规模较大，业务条线较多，市场相对稳定，对降本提效和鼓励业务创新有较大需求的组织。

以阿里巴巴为例，自2015年起，阿里巴巴正式提出"大中台、小前台"的"中台战略"。在这一战略的指导下，阿里巴巴搭建起包括业务、数据、技术、算法、内容等在内的多个赋能平台。平台从各业务单元抽取共性需求，整合为模块化功能，赋能前端团队。

在中台部门的KPI中，除保障服务稳定这类偏运营性的指标外，还有较大一部分与价值创造相关的指标，如服务接入量、满意度、创新度等。完整的绩效评估体系进一步促进了"中台战略"的有效落地。

在平台的支持下，新的业态能够快速搭建所需的业务能力，为快速发展创造有利条件，如阿里新零售等。同时，平台因为拥有更雄厚的专业力量，在创新的前瞻性和成功率上更有优势。

另一家采用平台型组织结构的典型企业是华为。图 3-14 是华为的两层"前中台"结构示意图。

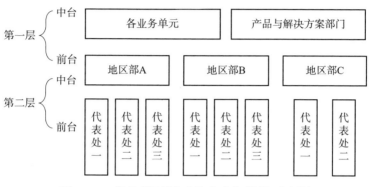

图 3-14　华为的两层"前中台"结构示意图

华为的组织结构实际上包含两层前中台结构。从整个公司的角度来看，各业务单元、产品与解决方案部门是中台组织，地区部是前台作战组织，这是第一层前中台结构。

在每个区域中，代表处的"铁三角"（客户经理 + 解决方案专家 + 交付专家）是一线作战组织，而地区部就是中台组织，为"铁三角"提供炮火支持。这是第二层前中台结构。

华为通过这样的两层前中台结构，完成了从功能性组织向项目型组织的过渡，让整个组织更加以客户为导向。

让"听得见炮火的人呼唤炮火"，使整个组织的一切思考和行动都能更加紧密地围绕客户需求而展开，这让华为的响应速度和服务质量远超竞争对手，在激烈竞争的市场中赢得了信任，站稳了脚跟。

3. 网络型组织

网络型组织结构是近些年来发展起来的一种新型组织形态。它是一种在高度不确定性环境下，对产品或服务进行高频创新迭代的组织模式，在互联网和科技类公司中应用较多。

网络型组织由若干个小业务团队聚合而成，每个小团队都是基于一个具体项目建立起来的，如一个创新产品开发、一个技术改良任务、一次大的业务战役等。团队成员根据项目临时加入，除在项目中的角色外，也承担项目外的其他角色，汇报关系也是多线的。这些项目是动态的，因此组织的结构也是流动的，组织架构图只是某一时刻的一个快照。

按照波士顿咨询公司的观点，网状组织对比传统组织，最关注的是如何发挥个体员工的创造力来孕育和孵化创意。在这种组织中，首先需要淡化组织边界，包括部门边界和员工职责边界，它们都不是刚性的。那些看似无人管理、无人要的地带，实际上给创新留出了空间。其次，创新往往需要不同以往的思路和做法，因此，组织形态要构建去中心化的、更加平等的员工关系，这样更有利于促进平等对话，打破思维定势。最后，组织形态要能够支撑项目所需的人才流动。员工可以按照自己的专长和兴趣，加入一个或几个自己喜欢的项目，带动组织的知识、技术向需要的地方流动。

举一个例子就可以更好地理解这种组织形态的运作。在《重新定义公司：谷歌是如何运营的》这本书里记录了下面这样一个故事。

一个周五的下午，谷歌创始人拉里·佩奇在自己创建的网站上闲逛。他输入一些关键词，想看看会搜出些什么样的广告，结果却让他非常不满意。

谷歌的搜索引擎本应该筛选出最匹配的广告，没想到搜出来的全是些没用的信息，甚至完全不沾边，这让他非常沮丧。拉里把这些搜索结果打印出来，贴在了公司厨房墙壁的公告板上。他在纸张上用大写字母写了"这些广告糟透了"几个字，然后便回家了。

当时的谷歌还只是一家普普通通的初创公司。但是，之后 72 小时发生的事却出乎所有人的预料。

在一家传统的公司，如果首席执行官看到某款产品有问题，便会把负责人叫来问责，然后召开两三次会议，商讨可行的解决方案，再决定应该采取的行动。大家会就解决方案的实施制订出一份计划，经过一系列的测试之后，再将方案付诸实施。这个过程一般会花去几周的时间。然而，拉里并没有打电话，也没有给任何人发电子邮件，没有召开紧急会议，也没有对任何人提及这件事。

第二周周一 5 点 5 分，一个叫杰夫·迪安的搜索引擎工程师给拉里发了一封电子邮件。邮件里说，他与其他几位同事都看到了拉里在墙上的留言，也觉得拉里评价这些广告糟糕在情理之中。但这封邮件并不仅仅是对创始人意见的附和，也不仅仅是发表督促大家深入调查这种问题的不痛不痒的陈词滥调。

杰夫·迪安在邮件中详尽地分析了问题出现的原因，提供了一份解决方案，并给出了几个员工利用周末时间编写出的解决方案模型以及超链接，还附加了测试结果，证明新模型与当时通用的系统相比有哪些优越性。这个方案就是谷歌 AdWords 引擎的基础。由此，一项价值几十亿美元的业务应运而生。

这几位员工并不直接负责广告业务，即便广告业务出了问题也不会归咎到他们头上，但在他们知道哪里出了问题之

后，能够跨越组织边界组成课题小组，在解决问题的过程中
也创新了产品，创造了新的业务增长点。

在这个案例中，员工自发地组成革新团队，解决业务中的棘手问
题，这当然也需要包容的创新文化和高素质的员工，但我们的关注点
是组织形态，如果没有宽松的组织边界、平等的组织协作关系、灵活
的人才聚合机制，这样的创新案例就很难在组织中发生。而谷歌正是
凭借这种网络化的组织形态，为孕育创新提供了丰沃的组织土壤，诞
生了谷歌搜索、Gmail、安卓系统、YouTube、Chrome 浏览器、谷歌
地图等众多十亿级用户的产品，成为一家以创新驱动的卓越公司。

网络型组织的另一个代表是字节跳动（ByteDance）。

字节跳动被称为"app 工厂"，在短时间内推出和运营了多个成
功的移动应用程序。从早期的"今日头条"，到后来抖音和 TikTok
（抖音海外版）的崛起，这些"产品"在全球范围内吸引了大量用户。
2022 年年初，抖音及 TikTok 的合计月活跃用户数达 16 亿，使抖音
成为仅次于 Facebook 和 YouTube 的全球第三大社交媒体平台。字节
跳动这家成立仅仅 10 年左右的公司，已成长为全球最有价值的创业
公司之一，它是全球移动互联网领域的重要参与者。

字节跳动在发展早期，采取高强度并行开发的方式，组建多个产
品开发团队，通过数据驱动的用户分析，对产品进行快速迭代。如在
短视频业务方面，字节跳动从 2016 年开始布局，当年 4 月从今日头
条独立推出头条直播（后改名为火山小视频），5 月推出头条视频（后
改名为西瓜视频），9 月上线 A.me（后改名为抖音短视频）。这三个产
品面向不同的人群定位，三管齐下，迅速占领了短视频市场。

字节跳动通过网络化的组织形式，为员工创造了灵活平等的合作

环境。同时，组织内倡导"Context, Not Control"（情景管理，而不是控制管理）的管理理念，管理者充分信任员工的创造力和自主性，员工不仅可以充分使用公司资源，还可以调配协同方参与关键项目或自由组建项目团队。

为了让"Context"（背景信息）传递更加迅速和准确，让彼此的目标对齐和目标协同更加高效，字节跳动在公司发展的早期就采用 OKR 进行目标管理。从首席执行官到一线员工都在内部信息系统上公开自己的 OKR，并且每两个月更新一次。员工可以随时了解自己团队、协同团队，甚至整个公司的业务目标、执行策略以及进展情况。透明的背景信息传递也有助于打破信息边界，有助于促进跨边界协作。不同于 KPI 侧重对目标自上而下的分解，OKR 充分调动了员工的积极性，通过设置有挑战性的目标，鼓励员工不断突破自我、开展跨界合作。同时，由于 OKR 是一种动态化的目标管理方式，也能够避免在网络组织里，因为人员的动态流动而带来的管理"无序"。

采用网络型结构的组织具有更高的敏捷性和适应能力，对市场环境变化的反应会更迅速。在身处高不确定性的业务环境，需要高频创新的行业中，这种灵活组织形态有助于企业建立竞争优势。然而，这种强适应力的代价是资源的重复配置以及较弱的监管机制，如管理层很难对一个跨职能团队所负责的项目进行详细了解，从而也就无法对其进行有效监管。此外，跨部门虚拟团队的良好运作需要大量的信息互通，这就需要组织对信息技术工具进行一定投入。

4. 选择哪种组织形态的关键是如何能更好地释放生产力

企业在发展的过程中，所处的业务阶段不同，对组织形态的需求也不同。例如，在业务早期，完成产品创新是第一位的。为了快速打造和完善产品，企业就可能采用网络型组织结构。当产品已经跑通了业务链路，进入扩大规模、持续运营的阶段时，效率就变成了第一位。这个时候企业就会转向平台型或职能型组织结构。比如，字节跳动在早期是典型的去中心化的网络型组织，当抖音等产品进入规模化运营时，企业就开始采用平台型组织结构，建立技术和运营中台，以提高运营效率。

有些企业虽已处于业务成熟阶段，但市场增长空间有限，业务停滞不前，甚至由于市场变动剧烈，面临业务下行的风险。这就需要在成熟业务之外寻找新的增长点，可以采用在组织内建立局部"经济特区"的方式，通过激励创新的组织机制，培育孵化新的业务增长点。海尔的"人单合一"模式就是成熟大企业通过用户导向的小团队创新，孵化新的业务价值的典型案例。

一个组织能否主动调整阵型，并使新的业务阵型更加适应市场环境和自身发展的需要，这是组织的一项核心竞争力。

阿里巴巴是一家对组织形态高度关注的公司，几乎每年双十一之后都会进行一次大的组织调整。实际上，在阿里巴巴的发展过程中，组织形态的迭代甚至大的转型从来没有停止过。

创业初期，阿里巴巴的业务是以销售为核心的 B2B 业务（"中国供应商"、诚信通），当时所采用的是典型的职能型组织结构。电商业务发展壮大后，随着组织规模的扩大，开始推行中台化的组织策略。近年来，由于外部环境的变化加剧，业务的不确定性大大提高，再加上业务多元化发展的需要，原来集团化管控的组织模式就变得僵化迟缓，组织"土壤"也因为边界刚性而变得板结，不利于业务创新。为了使组织变得更加敏捷，阿里巴巴在组织策略上反其道而行，开始弱化自己创立并投入大量资源打造的中台机制，将中台资源重新下沉到业务单元中，做薄中台，做实业务线。

2023 年 3 月，阿里巴巴集团宣布启动 "1+6+N" 组织变革，时任阿里巴巴集团董事会主席兼首席执行官张勇发布内部全员信，宣布启动 "1+6+N" 组织变革：在阿里巴巴集团之下，设立阿里云智能、淘宝天猫商业、本地生活、国际数字商业、菜鸟、大文娱等六大业务集团和多家业务公司，并分别建立各业务集团和业务公司的董事会，实行各业务集团和业务公司董事会领导下的 CEO 负责制。这次弱化集团管控，推行经营责任制的组织变革也被认为是 "阿里巴巴 24 年来最重要的一次组织变革"。

简政放权后，业务集团在费用、营收、人员、管理机制等各方面拥有非常大的自主权，成为权力责任对等的市场主体，更有利于发挥业务团队的主动性和创造性，释放人才潜能。在这种组织结构下，前线公司的决策链条和响应速度会显著提高，大集团内部扯皮的问题也会得到缓解。

从阿里巴巴组织形态演化的历程可以看出，没有哪种组织形态是绝对最佳的。组织形态随着业务的变化而变化，在不同的业务阶段、不同的环境条件下，采用一种最适合业务状况的、可以促进生产力发展的组织形态，对自身而言就是最好的。所有关于组织形态的思考及选择，其核心的原则都是基于如何能够更好地释放生产力，为客户创造更大的价值。

BUILD A WINNING
ORGANIZATION

| 第 4 章 |

人才建设

打造既为当下又为未来的人才队伍

人才策略主要包括招聘策略、培养策略、激励与保留策略、晋升
计划、汰换计划。制定人才策略的前置动作是人才盘点，掌握当下的
兵力情况，对照实现目标所需的兵力要求，分析两者之间在数量和质
量上的差距，这是制定各项人力资源策略的前提。

管理者是团队人才策略的首席规划师和建造师。从业务策略出发，
制定并推进人才策略，是管理者在组织管理方面的核心工作之一。

人才策略的质量和执行效果，决定了团队将来的能力水平。如果
没有足够的人才保障，再宏伟的愿景，再卓越的战略，终究也是纸上
谈兵、空中楼阁。

筑牢引进人才的入水口

人才盘点的一个核心目的是发现团队的人才缺口。这个缺口有可能是数量方面的，也有可能是质量方面的。如果这个缺口对战略目标的实现有重大影响，且很难在短时间内依靠内部培养或转岗等方式解决，那么就需要制定相应的招聘策略，从外部获取所需要的人才。

管理者首先需要树立的一个理念是，自己是团队招聘的第一责任人。

人力资源部门为用人部门提供资源、流程、专业工具上的支持，通常也会参与面试，从组织文化和公司人才标准的视角提供反馈和建议，但对于"要什么样的人""做什么样的事""哪位候选人合适"这些问题做决定的是用人部门的负责人。对于最终结果，管理者也必须承担相应的管理责任。

根据 2022 年 4 月 ZDNET 的数据，61% 的受访者认为，聘用技能不符合职位要求的候选人，是招聘失败的首要原因。70% 的企业称，在动荡的经济环境下，糟糕的招聘造成的影响比以前更严重，而且，中小型企业比大型企业感受到的痛苦更深刻。82% 的企业称，糟糕的招聘使得企业的经营受到"严重的负面影响"。

在导致招聘失败的各种原因中，招聘的目的不清晰，招聘岗位的人才标准不清晰，招聘过程中未能对候选人做出准确判断，是最主要的几个原因。

失败的招聘，对企业和员工双方都是一种损害。为了确保招聘的成功率，管理者除了提前判断招人的必要性，在后续制定招人标准以及面试和决策环节，都需要亲力亲为。甚至除了公司常规的招聘渠道，也要尽量利用自己的行业人脉资源寻找候选人。不能简单地把招人的事"外包"给人力资源部门。

在制定招聘策略和计划时，管理者需要提前思考并回答如下几个关键问题。

（1）哪些岗位有招聘需求？这些岗位和实现年度目标的关联度、优先级如何？能否通过内部流程优化、岗位职责整合、内部调动或者跨团队借用人员的方式解决？

（2）岗位职责和工作内容是否明确？从未来 1～3 年来看，岗位是否有长期性，能否让新员工在未来有发展空间？

（3）对人才有哪些具体要求？不仅从专业能力和经验方面考虑，也要考虑新引入的人才需要具备什么样的个性特征。是希望和现有团队成员的一致性比较高，更容易融合呢，还是希望有一些不一样的特质，能够产生"鲶鱼效应"，催化团队发生一些新的变化。

（4）新人到岗后如何帮助其更好地落地？

招聘工作本身需要投入大量的时间、精力和金钱，如果在招聘前没有把这些问题想清楚，就很容易招错人，不仅浪费了时间和金钱，更严重的是，还有可能贻误了战机，错失了宝贵的市场窗口期，给业务造成难以挽回的损失。

基于对前面几个问题的思考，在确定了需要招聘的岗位后，在具体招聘的过程中，有如下五个关键环节。

1. 明确岗位需求

很多失败的招聘，问题就出在一开始的岗位需求不明，甚至是伪需求。要回答"到底要不要招人""招什么样的人""人来了需要完成什么任务""达成什么样的目标"这些问题，管理者不仅要关注业务当下的需求，也要立足长远，考虑到未来 1 ～ 3 年的业务发展，本着"既为今天，也为明天"的原则来招人。

明确岗位需求包括如图 4-1 所示的四个步骤。

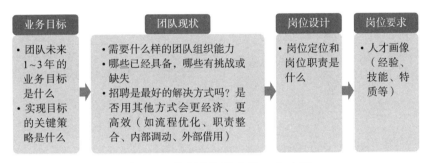

图 4-1　明确岗位需求的四个步骤

2. 寻源候选人

寻找合适的候选人费时费力，如果大海捞针的话显然事倍功半。为了在最短时间找到最匹配的候选人，关键在于对不同来源的人才按可能的匹配度进行优先级分类，并从高优先级的人才来源入手，从而提高人才寻源的效率。

例如，某家企业在人才寻源时的优先级分类如下（由高到低）：同行业的优秀友商、业务上下游企业、经营模式或发展阶段类似的企业、大学优秀毕业生。

除了通过常用的招聘渠道，如企业网站、招聘网站、猎头、内部推荐、职场社交等，管理者平时的人才敏感度也很重要，可以多利用参加行业论坛、同行交流等职场社交机会，发现、积累行业优秀人才，为今后的人才挖掘打下基础。不同招聘渠道的有效性对比如图 4-2 所示。

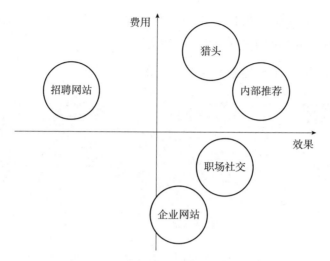

图 4-2　不同招聘渠道的有效性对比

3. 人才鉴别

在筛选简历后，面试成为常用的人才鉴别方法。管理者通过和候选人一对一的交流，深入了解候选人的能力和特点，进而判断候选人是否适合岗位要求。

在面试过程中，如何有效地鉴别候选人？普遍使用的一种方法是"STAR"面试法。该方法的核心就是通过挖掘候选人过往的案例，通过真实的事件来判断候选人的个性特质和专业水准。

面试过程就是收集完整行为事例的"STAR"的过程：

- 情况 / 任务（Situation/Task）= 当时的背景 / 任务。
- 行动（Action）= 做了什么和怎样做的。
- 结果（Result）= 行动带来什么效果。

在面试中，管理者应尽量使用开放式问题，这样便于展开话题。

在对话的过程中可以针对事件中不清晰、不确定的部分进行深入挖掘，多使用基于行动的问题（做了什么？）和基于结果的问题（结果怎么样？），直到把事件的"STAR"这四个方面的情况都搞清楚。

另外，在面试过程中，要注意避免获取到的信息是"假 STAR"或"不完整的 STAR"，例如：

- "如果我来做这个项目，我将会……"（假设性事件——假 STAR）。
- "我总是能够在客户抱怨时及时消除客户的不满。"（太笼统，需要进一步陈述典型案例——不完整的 STAR。）
- "我通过一项技术创新，为公司节约了 ×××成本。"（缺少 S 和 T——不完整的 STAR。）

在对候选人进行面试时，对于候选人是否适合岗位要求，有一些需要考察的关键点。比如，这个岗位的知识更新迭代速度很快，需要很强的学习能力；或者这个岗位有大量跨团队协作的工作，对沟通和协同的能力要求较高等。在考察这些关键点的时候，可以先预设一个场景，基于这个场景，让候选人对自身案例展开叙述，并在其叙述的过程中，管理者针对"STAR"这四个方面不断挖掘，确保获取到完整的"STAR"。

表 4-1 是阿里巴巴针对不同考察点，如何使用 STAR 进行提问的一些示例。

表 4-1　STAR 示例

考察点	考察点解释	参考问题
学习能力	好奇心，求知欲，学以致用，快速适应新环境	请你给我举一个通过自身的学习将知识应用到工作中的例子

（续）

考察点	考察点解释	参考问题
协同能力	同理心，求同存异，双赢思维	请说一个你协调其他部门的伙伴共同开展项目的经历
真诚坦荡	自信不自大，自知不自卑，不避重就轻	请分享一个你在工作上遇到非常大的压力的情景，你是如何处理的，后来结果如何
韧性	相信方法总比困难多	请说一个你曾经面临的最艰难的任务
心态开放	客观判断，不主观臆断	请说一个你曾经和他人有不同观点，却又不得不合作的经历

4. 招聘决策

在决定是否录用的时候，要坚持宁缺毋滥的原则。尤其是当候选人在能力和经验方面很匹配岗位需求，但在个性和价值观方面存在不匹配的情况时，如何取舍就会比较纠结。长期而言，个性和价值观的匹配最终会影响个体和团队的融合质量，所谓志同才能道合，在这方面如果有明显的不匹配，对于团队和候选人的长期发展都不是一件好事。尤其是对于比较重要的岗位招聘，管理者可以借助 HR、协作团队、团队内部骨干等多方力量，通过交叉面试，既从专业能力也从个性特质和组织文化等多个视角对候选人进行综合判断，从而降低误判风险，提高招聘命中率。

在进行招聘决策时，管理者可以在如下几个方面审视自己对候选人的判断。

如果你觉得这位候选人：

- 他会给组织带来长期的价值，其自身也能得到新的成长。
- 他的能力在团队中与同层级相比，属于中等以上水平，加入后会提升团队整体力量。

- 如果他加入了竞争对手，我会很伤心。

如果你的判断都是肯定的，那对于录用这位候选人就会更加笃定。

反之，如果你觉得这位候选人：

- 他应该能够做好这个工作，我们已经短缺人手太久了。
- 我有点犹豫，但也没有觉得他有什么不好。
- 业务压力非常大，能有个人干活就很好了。

如果你的判断有上述这几种情况，那么这位候选人则是不适合录用的。即使强行录用了，也会给将来的团队管理留下隐患。

5. 帮助新人落地

新人加入一个团队后会面临许多困难，比如业务不熟悉，缺乏人际网络，对新主管的管理风格不了解，对说话做事的分寸和节奏把握不准等，甚至因此而出现"低级错误"。如果新人不能尽快融入团队并取得阶段性的工作成果，情绪低落，就很可能会出现"闪离"的情况。

闪离不仅会造成前期招聘和入职培训的投入泡汤，还会对业务进度和团队士气造成负面影响。尤其是比较重要的岗位，管理者在新人到岗后，需要制订一个帮助其落地的计划，包括需要参加的常规入职培训，需要和哪些关键的工作伙伴进行沟通，学习哪些资料以及阶段性的工作内容和要达成的目标等，以此来帮助新人尽快熟悉公司文化和相关的流程、制度，和工作伙伴建立工作连接，尽快上手开展工作。此外，管理者还可以通过组织团队聚餐、定期一对一沟通等方式，帮助新人和团队建立情感连接，让新人有归属感。

很多企业在新人入职后，在如何帮助新人更好地落地方面，都有一套成熟的机制和方法，这里以阿里巴巴为例，看一下对于重点岗位的人才，在新人的试用期内，管理者所采用的一些重点方法。

首先，管理者会根据岗位的需要和新人的特点，量身定制一份落地计划（Landing Plan），表 4-2 是一份范例。

表 4-2　落地计划范例

落地计划				
目标： （1）了解公司的文化，组织形态、业务战略重点等 （2）熟悉团队的工作模式和核心价值，找到发力点 （3）熟悉工作内容，设定计划和目标，达成阶段性成果				
落地关键点： 团队融入、找到切入点和贡献点、初步开展工作并达成阶段性成果				
模块	细化模块	内容	内容来源	师兄
了解业务	业务内容	了解团队业务逻辑	和各部门的主管交流，了解各部门的工作职责和工作内容	A
	业务架构	了解组织架构	了解集团的组织架构以及本事业群的组织架构	
	业务战略	了解业务战略方向	阿里巴巴内网最近两年组织部的讲话	
了解组织	组织文化	参加入职培训	参加"百年阿里"内部培训	B
		集团高管讲话内容分享	内网视频、文字	
		阿里巴巴经典内部书籍	阅读书籍：×××	

（续）

<table>
<tr><th colspan="5">落地计划</th></tr>
<tr><th>模块</th><th>细化模块</th><th>内容</th><th>内容来源</th><th>师兄</th></tr>
<tr><td rowspan="2">了解组织</td><td rowspan="2">组织能力/领导力</td><td>阿里巴巴历史经典领导力讲话</td><td>研读内部经典的领导力讲话文稿</td><td rowspan="4">B</td></tr>
<tr><td>过往领导力培训资料</td><td>学习过往领导力培养资料</td></tr>
<tr><td rowspan="2">了解人</td><td rowspan="2">对人的感知和了解</td><td>参加各种场域</td><td>至少参加 × 次 ××× 会议，增强对人的了解</td></tr>
<tr><td>老员工访谈</td><td>邀约不同的老员工进行访谈，增强对人的感知和观察</td></tr>
<tr><td rowspan="2">工作计划</td><td>×× 平台建设</td><td>参与 ×× 平台建设</td><td>与主管沟通、查看项目规划文件、与项目组成员沟通</td><td rowspan="2">A</td></tr>
<tr><td>×× 项目规划</td><td>参与 ×× 项目整体规划</td><td>与主管沟通、查看项目规划文件、与项目组成员沟通</td></tr>
</table>

在试用期内，管理者会通过"五个一"来帮助新员工尽快融入团队，并尽快进入工作角色。这"五个一"分别是：

（1）一次迎新。员工入职第一天的体验很重要，严谨专业的入职流程和团队的暖心之举会让新员工备感亲近。比如，工位上放着一件有公司或团队特色的纪念品，和团队成员的相互认知，和管理者一起午餐等，都会给新员工留下美好的印象，拉近彼此的距离。

（2）一个师兄。为了让新员工快速熟悉业务和团队，管理者会安排一位（如有必要，也可以安排两位）资深的员工（通常是平级或高一层级）作为新人的师兄。师兄要定期和新员工沟通，了解新员工的困惑并给予建议；新员工遇到问题时，也可以随时请教师兄。

（3）一个业务抓手。管理者根据工作的实际需要，结合新员工的特长，在工作任务的安排上让新员工有发力点。这样有助于新员工展现自身价值，增强团队成员对新员工的认可，进而增强新员工的自信心和工作热情。

（4）一个目标。在试用期设定明确的目标，不仅有利于新员工明确自身的工作方向和需要达成的结果，也有利于试用期结束后，对新员工是否能够胜任岗位要求，有客观的评判依据。

（5）一次转正谈话。在试用期结束后，新员工需要对在该期间的学习、工作情况做一个总结。管理者要对新员工的表现给予中肯的反馈，并提出对未来的期望。

招聘是团队人才的入水口，搭建一个什么样的团队很大程度上决定了团队未来能达到的高度。因此，优秀的管理者不仅要本着"为企业招人""为未来招人"的理念，立足长远，同时也要投入足够的精力，在招聘的各个环节严把人才招聘关，从而确保团队的持续竞争力。

人才培养的两条价值链路

人才培养的根本目的是满足业务战略对人才在结构、数量、质量方面的需求，从而为战略落地和目标实现提供充分的人才保障。

通过人才培养，可以带来三大价值：一是建立人才梯队，打造团队内部的人才供应链，确保人才不断档；二是提升员工能力，进而加强组织能力，提高团队业绩；三是关注员工的成长，让员工可以不断提升自己，使个体获得持续成长，助力员工成就个人职业梦想。人才培养是提升团队人力资本价值的重要手段。

人才培养虽然重要，但现实中常常会有管理者提出这样的问题：

- "我们在人才培养方面投入了不少时间和金钱，但效果不佳，感觉对业务发展的帮助不大……"
- "好不容易培养出来的骨干，却被其他竞争对手挖了墙角，给别人做了嫁衣……"

人才培养到底如何做才能更加贴近业务的需要，对业务和团队成长产生更大价值？人才培养真的是为别人做"嫁衣"吗？

在讨论人才培养之前，首先要澄清两个概念。第一个概念是，人才培养不等于培训。人才培养是基于战略需要，从建设组织的核心能力出发，结合员工的职业发展路径所做的用于提升员工能力，从而使其能够提高绩效，乃至为其进入下一个职业层级做好准备的一系列关键活动的组合。除了培训，人才培养的方法还有很多，比如轮岗、挂职、师徒制以及赋予更大责任与更大挑战的工作等。

第二个概念是，人才培养不等于人才发展。培养是过程，发展是结果。人才培养和人才发展要作为一个整体来思考，必须有机地结合起来。如果只有培养，没有发展，员工虽然能力可以提升，但得不到承担更大责任的机会，人才还是会流失。如果没有培养，人才发展就难以做到前置储备，等到需要用人时，就会发现没有合适的人才可用。在这种情况下，人才选拔往往只能"唯业绩论"。以业绩来选才是必要的，但业绩是代表过去的，过去所具有的能力不一定代表组织未来的需要。俗话说，从后视镜中看不到未来。如果把业绩作为人才选拔的唯一标准，也难以满足组织未来的需要。

那接下来，该如何看待"优秀员工被挖墙脚"和"人才培养"之间的得失关系呢？

第一，优秀员工（通常只占员工群体的 3% ～ 5%）往往不是因培养才变得优秀。就如学校里拔尖的学生，学习所得往往是自己学大于老师教。又如，优秀的销售人员，并不是由参加多次培训或者多次轮岗培养出来的。真正优秀的员工，更多的是源于自身过人的天赋和努力，与人才培养的效果关系并不大。换言之，对于优秀员工，人才培养带来的边际效益并不高。

如果一个团队中都是优秀员工，的确可以减少在人才培养方面的投入，当出现挖墙脚现象时，也不必"心痛"在培养方面的投入。但事实上这是不可能的。

人才培养投入边际效益较高的是表现"中、上"的员工。通过对他们赋能（比如总结优秀员工的实践经验，提炼方法论，赋能其他员工），可以让他们的表现趋近优秀员工，从而形成人才梯队。避免出现一旦优秀员工流失，团队整体的能力和业绩水平大幅下滑的风险。

第二，越是优秀的员工在开放的人才市场上，越有更多选择的机会。常言道，"人往高处走"，如果团队的发展速度滞后于员工个人的成长速度，员工就会出现另谋高就的动机。但在人才培养的过程中，员工因为能力提升，会给团队带来更高的业绩回报。从这个角度来看，人才培养首先收益的还是团队本身。

第三，缺乏人才培养意识和投入的团队，员工的成长会较慢，员工对自己未来的职业发展会有不安全感，工作积极性自然会受到影响。在这种环境下，不仅优秀的员工会离开，团队也很难吸引其他优秀人才加入。而重视人才培养和发展的团队，员工的忠诚度和工作热情会更高，这样的团队也会有更好的绩效表现。

总而言之，同招聘、激励等其他人力资源项目一样，人才培养也是为了实现人力资源效益的提升。它不是简单的战略支出，而是一种战略投资。

人才培养的重要性大家都知道，关键是如何才能把人才培养真正做好。

那以，什么才算好的人才培养？我认为有两个关键的衡量维度：一是战略导向，即人才培养和业务战略密切相关，通过人才培养能够提升支撑战略的关键组织能力，打造组织面向未来的核心竞争力；二是问题导向，即人才培养能够帮助员工提升解决当前工作中实际问题的能力，进而有助于员工更好地实现绩效目标，获得更好的职业回报。第一个关键的衡量维度是关于组织的价值，第二个关键的衡量维度是关于人的价值，前者侧重中长期价值，后者侧重短期价值。

问题解决式的人才培养，侧重改进短板、提升绩效，因此它的短期收益会更明显。但如果只强调解决当前的问题，而忽略了战略性人才的培养，就会导致将来能够匹配中长期战略需要的人才储备不足。这也是我们常说的，当前发现人才不够用、不好用，其实是 3 年前的决策导致的；如果当前没有瞄准 3 年、5 年后的人才需求而进行培养，那三五年后出现人才短缺也几乎是必然的。

好的人才培养，必须是这两个方面的有机结合。

从这两个方面出发，人才培养可以按照两条价值链路展开。

战略导向的人才培养价值链路

这条价值链路是以战略为导向的人才发展策略（见图 4-3）。

图 4-3　战略导向的人才培养价值链路

　　前文已经介绍过卡普兰教授在《战略地图》一书中划分的三类战略定位，以及根据不同的战略定位进行组织能力解码的逻辑。在明确了核心能力之后，接下来就需要明确团队中哪些岗位是关键岗位。

　　所谓"关键岗位"，是指在业务价值链中，对竞争优势影响最大的、对实现战略目标起到关键作用的、对财务营收指标起到决定性影响的岗位。

　　以餐饮企业为例，下面这些岗位中，哪些是关键岗位？

- 门店选址。
- 门店设计。
- 店长。
- 采购。
- 厨师。
- 店员。

　　要回答这个问题，首先还是要回到企业的战略定位，并看其对应的核心能力是什么。

　　如果这家企业是"卓越运营"型的战略定位，以高性价比作为竞争优势，那么成本领先就是这家企业的核心能力之一。哪些岗位和这项能力关联性最大？显然是采购岗位。此外，通过门店的精益管理，提高运营效率、降低损耗，对成本领先也是非常重要的。因此，采购和店长这两个岗位，对这家企业的战略是否能够成功影响更大。在这家企业中，这两个岗位就是关键岗位。

　　如果这家企业是"客户亲密"型的战略定位，以提供个性化服务和非凡客户体验作为竞争优势，那么在一线为顾客提供服务的店员就是这家企业的关键岗位。

由此可见，关键岗位由企业的战略定位所决定，判断标准在于对战略的影响度和贡献度，而非岗位的胜任力标准或能力模型等。换言之，一个对人才标准要求比较高的岗位，未必是关键岗位。

通常，关键岗位包括重要的管理人员（将才）、领域专家（专业领军人才），以及其他承载组织核心能力的岗位。

尤其需要注意的是，关键岗位可能存在于企业的任何一个层级，有些看似不重要的岗位，往往是企业领先于竞争对手的关键所在。比如上面提到的以顾客体验为价值定位的餐饮企业，一线的店员就是关键岗位。

在分析哪些岗位是关键岗位时，还需要注意一点：当有多个岗位都与战略性价值定位直接相关时，需要根据"绩效波动"的不同，从中选出真正的关键岗位。

著名的人力资源管理专家，南加州大学的约翰·W.布德罗教授在《超越人力资源管理：作为人力资本新科学的人才学》一书中分享了一个迪士尼的案例。

> 迪士尼乐园的客户价值主张是成为"地球上最快乐的地方"，其核心能力在于"为游客提供独一无二的快乐体验"。迪士尼乐园中，为游客提供服务体验的员工包括（不限于）下面这些岗位。

- 米老鼠的装扮者。
- 清扫工。
- 游乐园设计师。
- 剧场演员。

这些岗位都和"为客户创造独一无二的快乐体验"直接相关，那么这些岗位中，到底哪些岗位更关键呢？

可能很多读者会选择米老鼠的装扮者或者剧场演员。因为从直觉和经验上判断，游客到迪士尼乐园，为的就是观看表演或者参与园区的游乐项目，那么和这些活动相关的岗位，当然是创造客户体验价值最大的岗位。但实际情况并非如此，在迪士尼乐园中，真正的关键岗位其实是清扫工。

迪士尼乐园对员工的工作内容和行为表现以及由此带来的客户价值进行了"绩效波动"分析，以米老鼠的装扮者和清扫工为例，结果发现：

"'米老鼠'的工作内容是完全标准化的，身穿米老鼠戏装的员工在工作时总是由一个督导人员陪伴着，他们和游客之间的互动很固化，几乎不需要灵活应变，其工作技能很单一。绩效最好的'米老鼠'与绩效最差的'米老鼠'之间的绩效波动并不大。"

"而清扫工却完全不同，他们和游客之间的互动场景与互动内容繁多且复杂。他们不仅要对迪士尼乐园的布局了如指掌，能轻松应对游客询问洗手间、景点等情况，还要掌握多种语言版本的常用语句（包括为聋哑游客提供手语服务）。此外，他们还要掌握诸多品牌相机的拍照技巧，以及照顾孩子的方法，如换尿布等。当出现突发情况时，比如孩子跌倒或老人突发心脏病，他们还得会做应急处理。"这就需要清扫工具有很强的灵活应变能力。

清扫工的工作是非标准化的，这也导致普通的清扫工和优秀的清扫工给游客带来的服务体验差别非常大，换句话说，清扫工这个岗位的绩效波动比较大。在清扫工这个岗位上投入更多的精力和资源，提高高绩效员工的占比，这对于提升客户体验至关重要。

"米老鼠"和清扫工对于创造优质客户体验都很重要，但清扫工才是真正的关键岗位。由此可见，关键岗位的识别有的时候和直觉认为的并不一致。

在分析关键岗位时，要基于下面这两个维度进行分析。

（1）岗位的重要性。

首先需要从企业的战略定位出发，明确和战略定位最相关的一些关键性业务指标（比如以客户体验为差异化战略定位的企业，客户满意度或投诉率就是关键业务指标），然后再通过对比不同岗位的工作内容，对它们的价值贡献度进行分析，进而找出对实现关键业务指标作用至关重要的岗位。

在分析岗位价值贡献度的时候，要把判断权交给客户。通过分析客户反馈信息，了解影响客户价值最重要的要素或环节是哪些，这些要素或环节是由哪些岗位的工作内容和工作质量起决定性作用的，以此来更加客观准确地识别出关键岗位。

例如，如果客户主要是因为喜欢某产品的独特功能而购买该产品的，那该产品的设计研发岗位就非常关键；如果客户主要是因为喜欢某产品的售后服务体验而购买该产品的，那该产品的售后服务岗位就更重要。

（2）岗位的绩效波动程度。

找出重要性比较高的岗位之后，接下来就需要分析在这些岗位中，哪些岗位的绩效波动比较大。通常而言，标准化程度较高的岗位，通常绩效波动偏小；那些工作内容非标准化、需要创造性发挥才能取得高绩效的岗位，绩效波动往往偏大。

表4-3列举了不同企业在战略定位、核心竞争力及关键岗位上的对应关系。

表 4-3　不同企业的对比

企业	战略定位	核心竞争力	关键岗位
沃尔玛	卓越运营	低价	供应链管理
华为（运营商业务）	客户亲密	客户定制化服务	客户经理＋解决方案专家＋交付专家
苹果	产品领先	产品体验	产品开发

在明确了关键岗位后，通过人才盘点，可以分析这些岗位上的人才在数量和质量上是否欠缺。团队的培养策略要优先聚焦关键岗位，"把80%的水浇给20%的花"，从而让组织的核心能力能够更有效地支撑战略目标的实现。

关键人才培养需要重点关注以下三类人才。

• 第一类：重点管理岗位的梯队人才。
• 第二类：专业领域领军人才的后备人才。
• 第三类：创造战略性业务价值的其他岗位人才。

其中，针对第一、二类人才，需要选拔团队中的高潜员工，并制订对应的人才培养计划。一方面，通过"个人发展计划"（IDP）制订高潜员工的个性化培养方案；另一方面，针对群体性需要提升的能力，比如针对管理岗位的梯队人才，需要批量化地提升他们的领导力，这时候就可以制定专项领导力提升项目，通过组建专班的方式，集中学习和训练。

　　针对第三类人才，比如在业务条线上，对创造业务价值重要性比较高的岗位，可以通过师徒制、以战带训等方式，强化内部的能力沉淀和转化，从整体上提升这些岗位上的人均效能，进而提升团队的整体业绩。具体可以使用的培养和赋能方式可以参考表 4-4。

表 4-4　培养和赋能方式

方式	方法	应用场景	关键要素
借事修人	赋予更具挑战的任务	高潜人才培养	在部门内部或跨部门的重点项目中历练
以战带训	建立伴随工作进程的知识、经验的沉淀和传承机制	团队整体的专业能力提升	建立复盘机制、内部定期分享机制
师徒制	推动明星员工/优秀管理者成为内部兼职讲师和导师	高潜人才培养/能力复制（尤其是隐性经验的传承）	导师激励机制
轮岗/兼岗	横向跨职能/跨区域/跨业务场景的岗位设计	高潜人才培养	明确的人才发展规划和人员流动机制
专项培养项目	定制化专项能力提升培养项目	专项能力提升/高潜人才培养	高层支持/项目设计的专业性
科技赋能	利用信息化系统、虚拟技术、人工智能工具提升员工的效率	提升人效/改进服务体验	数字化思维及投入

上述各种培养和赋能方式中，随着技术进步以及职场工作方式的变化（比如从单一的现场办公到居家办公与线上远程办公相结合的混合模式），科技赋能方式正被越来越多的企业所关注。

使用远程协作系统、团队共享的知识系统等工具正变得越来越普遍，也大大提升了员工的工作效能。越来越多的企业正利用元宇宙、人工智能和机器学习等技术，探索通过科技提升工作效率和员工体验的新模式。

德勤咨询公司公布的《2023年全球人力资本趋势报告》，关于科技赋能，谈到了下面两个典型案例。

> 宝马（BMW）正在将元宇宙技术引入一个传统的工作环境：工厂。该公司利用英伟达（NVIDIA）的3D协同元宇宙平台，创建了一个完美的未来工厂模拟环境（即数字孪生）。这个模拟工厂可以在虚拟3D环境中培训和远程连接工人。在数字工厂中，宝马的全球团队可以实现实时协作，设计和重新配置工厂，从而彻底改变规划流程，并消除差旅需要。工人可以穿着动作捕捉服进入装配模拟车间，记录任务动作，同时可以实时调整生产线设计，以优化生产线操作，并满足人体工学和安全性的需要。

> 日本连锁便利店全家（FamilyMart）正在试验使用遥控机器人来上货，员工可以使用VR眼镜和遥控器在任何地方工作。这种解决方案的一个重要的附带好处是，能够雇用缺乏自主活动能力的残障人士，在有机器人协助的情况下上架货物。

科技赋能可以让员工的实际工作技能显著提升，从而提升团队整体绩效。《福布斯》（*Forbes*）和微软（Microsoft）发布的一项调查显示，对一线员工（如客服中心代表、现场服务人员）的数字化赋能处于领先地位的企业，实现年增长率超过 20% 的可能性是其他企业的 3 倍（与数字化前瞻性较弱的同行相比）。

除了岗位赋能，数字化技术还推动传统的物理工作场所以及传统的工作和协同方式，逐渐被数字化工作场所和数字化协作所取代。带来的变化是让组织协同的边界在时间和空间上得到拓展，员工可以有机会在世界任何地方、任何时间拥有沉浸式的工作体验。这也让工作时间和工作方式变得更具灵活性，而这种灵活性更符合新世代员工渴望工作自主权的特征，以及作为"数字原住民"的技能特长。这让员工有更大的自主性，也是激活组织的关键。德勤《2023 年全球人力资本趋势报告》显示，84% 的受访企业领导者表示，员工自主性对其组织的成功非常重要。

问题导向的人才培养价值链路

问题导向的人才培养逻辑，是聚焦当前业务中存在的关键卡点问题，分析造成这些问题背后的关键因素，然后针对这些关键因素所涉及的岗位人员进行培养，从而提升团队的效能，最终提升团队的绩效表现。

以问题为导向的人才培养价值链路如图 4-4 所示。

图 4-4　以问题为导向的人才培养价值链路

在这个链路中，发现问题既是起始点，也是整个链路中最重要的一环。问题如果定义错了，解决方法再好也价值不高。

团队的管理者或者组织能力建设、人才培养的负责人，需要建立并利用好发现问题的反馈回路，从而形成发现问题、解决问题的闭环机制。

发现问题可以有很多种方式，比如：

- 定期的业务会议（如经营月度会）。
- 客户反馈系统（如客户投诉统计）。
- 复盘报告（如阶段性业务复盘，或者关键项目的复盘）。
- 重大事故（事故报告、重大舆情）。
- 团队调研。

除了以上这些常见的问题发现方式，管理者也可以根据自己团队的特点，设计其他更灵活且有效的方式。

真相往往在一线，与团队成员，尤其是业务能力强、对团队有高认同度的骨干员工，进行开放式的定期沟通，是获取真实的业务情况的捷径。

为了能得到真实的信息，管理者在平时就要注重建设开放、透明、信任的团队文化，从而让员工愿意反映问题，敢于讲真话。

另外，管理者也可以借助第三方团队，如人力资源的HRBP（人力资源业务合作伙伴）、OD（组织发展）的伙伴，定期和团队成员进行结构化的访谈，从中提炼出大家共性的、在工作中遇到阻碍的问题，从而获取更综合的反馈信息。

这些阻碍团队的卡点问题，可能是业务上的（如策略、路径、打法），也可能是组织上的（如权责、流程、机制）。通过结构化的访谈，可以比较全面地对业务和组织进行诊断。

下面的问题列表，是我在阿里巴巴设计并使用过的一个访谈提纲，在不同的业务单元使用过。以此为例，供读者参考，并思考在自己的团队中如何能更加有效地了解到团队的卡点问题。

（1）战略与目标。

- 公司目前的行业 / 客户有哪些？他们有哪些痛点和诉求？
- 你认为公司今年最重要的目标是什么？你们团队的目标和策略打法是什么？最重要的几件事是什么？
- 截至目前，你们团队的目标进展如何？哪些是比较令人满意的？有哪些挑战？

（2）流程与机制。

- 你所在的团队对客户的响应速度如何？有哪些关键的卡点？
- 和上下游合作如何？有哪些地方是值得改进和提升的？

（3）结构与分工。你们团队现在的内部分工，大家彼此的职责、权限、工作界定，是否清晰、合理？有什么建议？

（4）能力与氛围。

- 如果给你一定的资源用于团队能力提升，你想从哪里开始？为什么？你希望达成什么样的目标？
- 可以用哪几个关键词描述你们团队整体的氛围？有没有对应的、让你印象深刻的典型事例？

（5）综合校验。

- 假如你是业务一号位，当下最紧要的问题是什么？

• 针对这个问题，如果只选一件事来改进的话，你觉得是什么？你有什么改进建议？（如果前面已经谈过相关的建议，访谈时可以再次确认，并询问是否有补充。）

从以往的经验来看，通过对员工进行结构化的访谈所获取到的卡点问题，大部分是管理者已经掌握的。但也会出现有的问题是管理者之前不太了解的，或者对于已知问题的严重程度或形成原因，员工和管理者的判断不一致。在这种情况下，管理者要凭借自己的管理判断，对问题的优先级进行排序，处于高优先级的问题就是接下来的管理重点。

针对这些高优先级的问题，管理者可以组织研讨会，邀请相关团队成员和外部协作团队，共创解决的方案。

其中，涉及团队能力建设方面的方案，可以邀请组织发展或人才培养方面的内部专家参与制订。问题一旦明确，接下来应该培养什么人，培养什么内容，以及要达到什么样的培养目的等，这些问题也就变得相对容易了。

问题导向式的人才培养在评估效果时，也更容易和业务表现相关联。

比如万达集团在评估人才培养效果时，很关键的一个考核指标是"有用度"。对每个人才培养项目都进行"有用度"评价，小到一次专题培训课程，大到某类梯队人才的综合性培养项目。在项目结束后，学员和学员的主管都要对项目的"有用度"进行打分。对于学员来说，"有用度"就是能否帮助其解决工作中的实际问题；对于学员的主管来说，"有用度"就是培养结束后，员工的效能是否得到明显的提升。

在人才建设上，如何把解决当下的问题和长期的核心能力建设有机地结合起来，是值得管理者思考的一件事情。

对于业务链路已经跑通、业务战略相对稳定、处于业务扩张阶段的团队，可以将重点放在问题导向式的人才培养上。通过快速沉淀内部最佳实践经验，实现能力的快速复制，让人才供给能够保障业务的快速增长。比如万达集团在万达广场这一产品刚刚成型后，就成立了自己的企业大学。当时企业的规模还比较小，全国开业的万达广场不足 10 个。虽然大规模地进行外部挖猎可以解决部分人才短缺问题，但是单靠外部引入人才不仅成本高、落地难，数量上也难以支撑商业地产这一新兴产业长期发展的需求。同时，在业务开展过程中，犯过的错误重复发生，好的经验缺少复制，这也给企业带来巨大的损失。人才培养成本很高，但不培养人才成本更高。

面对这种状况，成立内部的企业大学就成了人才战略中的一项重要举措。作为内部人才培养基地，万达学院聚焦商业地产开发和运营全链路中的卡点问题，沉淀内部优秀经验，通过大量轮训和后备人才培养，为从每年开业 5 个万达广场到每年开业 50 个万达广场提供了有力的人才保障。

对于寻找业务转型突破的团队，人才培养则要关注第二曲线战略所需要的能力建设，提前进行人才储备。例如，华为在通信业务形势一片大好的时候，就提前在芯片研发领域进行人才布局，当出现业务环境恶化的时候，华为就快速推出了自主研发的海思芯片，不仅避免了公司业务下滑，还在新的业务赛道上形成了核心竞争力。

不同企业所处的行业特点不同、发展阶段不同，人才培养的策略和方法也必然不同。但解决组织的人才短板、助力业务提升绩效、促进员工个体发展往往是共性的目标。通过有效的人才培养策略，可以将这三个目标有机地结合起来。在具体操作的时候，通过战略导向和问题导向这两条链路，聚焦高价值岗位、高价值能力、高优先卡点问题，在赋能当前业务的同时，兼顾为未来的战略延伸做好人才储备和能力建设，从而为业务的持续健康发展打下良好的人才基础。

人才的激励与保留

企业之间的竞争，表面上是用户和市场的争夺，背后更关键的则是人才的争夺。如果一家企业不能有效地激励和保留人才，即使招人和育人做得再好，也难以避免人才流失的结果。留不住人的公司，最终也难以成功。

在完成人才盘点之后，就需要检视当前的激励和保留政策是否具有竞争力，尤其是对关键岗位的人才，这部分人才是激励和保留政策重点关注的对象。

人才激励和保留的关键，除基本的工资和福利之外，更重要的是要让员工感受到认同感和价值感。如果员工对企业所从事的事业、对能够给社会和他人带来的价值、对企业未来的发展愿景，由衷地感到自豪并充满信心，那么员工在工作中就能够发挥所长，感受到自己是创造经济价值乃至社会价值的重要参与者。这种对组织发自内心的认同和彼此成就的情感共鸣，是员工和组织之间一条看不见但是极其重要的底层连接。这条连接的纽带越牢固，员工在工作中的激情就越高。成功的企业，员工不仅将其视为工作之处，更将其看作自己实现人生价值的舞台。

同时，连接度越高，员工离开的隐形成本也越高。毕竟，从工作中收获的不仅是收入，还包括人际交往质量、工作氛围、成长空间等，这些隐形因素也是工作非常重要的组成部分。如果换一个组织环境，员工是否能够和新组织形成新的心理契约，这就是一个不确定性非常高的问题，也是很多人才尤其是高端人才跳槽时面临的最大心理成本。在现实中也的确存在高端人才在新环境中难落地的普遍现象。

激励和保留政策可以运用"全面薪酬"（Total Compensation）理论作为思考框架，从"经济性薪酬"和"非经济性薪酬"两个维度检视目前的薪酬政策。尤其要检视"非经济性薪酬"的部分，这部分虽然看似不用"花太多钱"，但实际上要做好非常难，它考查的是组织的文化、氛围、人际关系等软性环境要素，这些方面需要下的功夫更大，难度甚至超过物质激励。但如果这些方面做得好，对人才的保留和激励作用会更大，也会更持久。花钱能解决的，基本上都是可以快速被复制的，而软性组织环境，一旦形成良性互动的健康环境，就会成为吸引和激励人才的强大磁场，成为组织真正的竞争力。

在制定激励和保留政策时，另一个需要考虑的维度是保健因子和激励因子。

赫茨伯格双因素激励理论（也称"激励－保健理论"）指出，影响员工工作积极性的因素可分为两类，即保健因子和激励因子。这两种因子是彼此独立的，对员工的影响也各有不同。

保健因子包括公司的政策、管理措施、监督、薪酬、人际关系和工作环境等。这些都是工作内容之外的因素，比如按时发放工资、行业标准的薪酬水平、公允的劳动时长、健康的职场人际关系等。无论员工处于哪个岗位、从事何种具体工作，这些因素如果得不到满足，员工就会产生不满情绪，进而对业绩造成负面影响；这些因素如果得到满足，则有利于降低员工不满情绪，维持原有的工作效率。

需要注意的是，保健因子虽然能降低员工不满情绪，但不能激发员工更积极的行为，进而产生更高的绩效。此外，保健因子只能升不能降。就人性而言，失去带来的痛苦感比得到带来的满足感更强烈。例如，为员工提供免费班车可以提高员工的满意度，但如果取消了班车，员工的不满意度将大于提供班车时带来的满意度。因此，在调整保健因子时要谨慎。

激励因子是与工作本身有关的因素，包括成就感、认可、工作本身的意义及挑战性、成长空间、额外奖励等。这些因素如果得不到满足，也不会像保健因子那样产生不满情绪。这些因素如果得到满足，可以对人产生很大的激励。激励因子在具备保健因子的情况下才能发挥作用，而且是非普遍性的。如果每次都有、每个人都能预料到的就不是激励因子了。比如年终奖、长期股权激励、成长机会，这些因素会根据员工的工作内容和结果动态变化，即为激励因子。

将全面薪酬理论和双因素激励理论相结合，可以用如图 4-5 所示的四个象限对激励和保留策略进行分析。

图 4-5　激励和保留策略分析

　　这个分析框架并不复杂，但在现实中，许多企业将保健因子视为激励的方式，不仅不能激发员工更高的积极性，也难以留住真正高价值的员工。还有一种比较普遍的现象是，很多管理者把激励等同于多发钱，将员工的工作动机简单归结为经济动机。毫无疑问，经济动机的确是非常重要的，但把经济手段作为主要激励方式，除了会让人力成本持续上升，更重要的是，还会将组织文化导向利益驱动、金钱至上。当这种文化潜移默化地深入人心时，就很难避免出现急功近利、抢功、推责，甚至为了短期利益而伤害长期价值的情况。

　　管理者之所以喜欢使用经济手段激励，除了希望短期见效快，还有一个重要的原因，那就是与其他激励手段（比如调整公司政策以促进员工的成长和发展）相比，提高薪酬之类的物质激励手段所需的管理能力和投入较少。

　　作为管理者，必须了解哪些因素可以使团队成员满意，并且利用这些因素调动员工的积极性，而将可能导致团队成员不满的因素降到最低。也就是说，既要认识到保健因子的重要性，又要更多地采用激励因子来提高团队成员的满意度。

　　实际上，管理者需要"为不同的员工提供不同的激励"，换句话说，不同的员工工作的动机也不同，有的员工重视物质回报，有的员工重视成长空间，有的员工重视工作乐趣，有的员工重视工作与生活的平衡。尤其对于团队中的关键人才，管理者需要花更多时间，也值得花更多时间，去了解他们潜力的"引爆点"，从而采取个性化的激励方式。对于团队整体而言，也需要确保定期与员工一对一交谈，以了解员工的诉求，在此基础上对团队的工作机制、沟通机制有针对性地进行调整和优化，进而创造激励性的团队文化氛围。

　　总之，人才的激励和保留是提高人才竞争力的关键一环，需要针对不同人群的特点，设计不同的激励方式，在这个环节中我们应该注意：

（1）重点关注"占比20%但是创造了80%业务价值"的关键人才。

（2）激励因子对绩效提升的重要性大于保健因子，避免把保健因子当作激励因子。

（3）平衡经济性薪酬和非经济性激励方式，警惕纯物质导向的激励方式，关注员工和团队的成长。

（4）定期了解员工诉求，确保投入的激励资源用在了对的地方。

面向未来的人才选拔和晋升

在年度绩效评估和人才盘点完成后，除了发奖金、调薪、股权这些经济性激励，紧随其后的就是人才选拔和晋升。双高人才（高绩效、高潜力人才），尤其是明星人才，是人才发展的重点人群。

晋升是组织面向未来选拔人才、进行人才梯队建设的重要环节，是为了给有志、有能者提供更广阔的舞台，去承担更大的责任，迎接更高的挑战，也是人才激励和保留的重要手段。晋升既是对过去的认可，又是对未来的期待。

晋升是年度组织工作中的一个重头戏，也是所有员工都高度关注的一件大事。晋升什么样的人？晋升的操作方式是怎样的？这些都会给团队传递一个非常强烈的管理信号。是任人唯亲，还是任人唯贤？是论资排辈，还是择优选拔？是公开透明，还是暗箱操作？这些问题的答案，不仅关系到团队的人才质量，也关系到由此对团队文化、团队行为造成怎样的影响。

　　管理上提到组织资源时，常常把"人"排在"财"和"物"的前面，由此可见，企业选拔什么样的人是企业的核心决策。因此，选人用人成为组织赋予管理者的一项非常重要的权力，同时也是一份极其重要的责任。

　　我们通过阿里巴巴在人才选拔和晋升方面的案例，看一下在晋升环节有哪些需要关注的要点，以及管理者在这个环节的"要"和"不要"。

　　阿里巴巴在每个财年结束后，首先会进行绩效考核和人才盘点。紧随其后的就是"晋升季"，也就是基于绩效评估和人才盘点的结果，进行人才选拔和晋升。整个晋升季从启动到结束持续近三个月，分为五个阶段（见图 4-6）。近年来，阿里巴巴大的组织策略是推行各业务集团独立经营责任制，通过简政放权，大大提升了晋升季的流程效率，晋升季的总体时长大为缩减，但流程环节和之前的保持一致。

图 4-6　晋升季的五个阶段

1. 晋升标准

- 符合公司文化和价值观（基本要求）。是否很好地践行了公司文化和价值观，是否对团队有正向积极的影响？

- 有贡献，有结果（前提条件）。有没有一个非常扎实的结果？带来什么客户价值？其中个人的贡献是什么？

- 有能力，有担当（关键因素）。是否渴望承担更大责任，是否具备了胜任下一职级的能力？

这三条晋升标准，实际上包含了价值观、绩效、能力和担当、意愿等多个维度。其中，价值观和绩效被视为硬性指标，也就是说，这两个维度的评估结果必须在一定分数以上，候选人才具备提报晋升的资格。

绩效评分是企业比较通行的考核方式，也比较容易理解，就是按照业绩结果，给员工绩效划分不同的档位（对应不同的分数）。在阿里巴巴，员工的绩效评分必须在 3.5 分（部分超出期望）及以上才有提名晋升的资格。

这里需要说明的是关于价值观评分。阿里巴巴的价值观评分，更准确的说法应该是"价值观行为规范践行度"评分，实际是评估员工在日常工作中对阿里巴巴 5 条价值观所对应的 20 条行为规范的实际表现。具体的评估方式是，先通过团队内部成员及协同部门的同事进行互评，再由团队主管结合日常观察和互评结果，给出最终评分。绩效评分是对结果的评估，价值观行为规范践行度评分则是对拿结果的过程进行评分。这两者的结合，体现了阿里巴巴"既要结果，也要过程。结果要好，过程也要好"的管理理念，以避免为了拿结果采取错误手段的行为，为了个人利益或业务的短期利益而损害长期客户价值和企业价值观的行为。

在"价值观"和"绩效"评分都达到门槛要求的所有候选人中，到底该晋升谁？关键要看的是第三个维度："能力和担当"。到底谁真正具备胜任下一职级的能力，且有承担更大责任、应对更复杂问题的勇气与决心。这才是候选人得到晋升后，能否实至名归的关键因素。

对"能力和担当"的评估，只有基于一个统一的标准，才能在企业内部进行评估时保证一致性和客观性。很多企业都有类似的岗位任职资格、胜任力模型之类的标准，阿里巴巴对不同的专业线和职级，也有自己完整清晰的标准和要求。

不同职级，代表不同的"段位"（专业能力）。阿里巴巴虽然业务板块众多，但因为有一套标准统一的职级体系，可以让跨业务线的员工更容易相互比较。只要查看员工的职级，就基本可以知道他的能力水平和承担的责任范围。甚至在评估外部人才时，只要提及这个人的能力相当于 P 几[⊖]，就大概可以知道这个人的"段位"水平。

具有标准统一的职级体系，一方面为内部人才的选、用、育、留、汰建立标准；另一方面，也有利于集团整体对人才结构、人才分布情况的把握和调整。

在阿里巴巴，职级是和权责大小、薪酬激励挂钩的，员工的晋升指的也是从低职级向高职级的升迁。

表 4-5 是阿里巴巴 P 序列中，职级从 P5 ～ P9 的通用标准。

表 4-5　阿里巴巴 P5 ～ P9 的通用标准

职级	通用标准（任职资格 / 胜任力标准）	关键词	通俗解释
P5 （中级 工程师）	（1）在专业领域中，对公司职位的标准、要求、政策、流程等从业所必须了解的知识基本了解，对本岗位的任务和产出很了解，能独立完成复杂任务，能够发现并解决问题 （2）在项目中可以独立完成工作 （3）能在跨部门协作中清晰沟通	独立完成 思辨落地	事推人，是一个动点，但必须给出方向才能自主前进

⊖　阿里巴巴的职级分P序列和M序列，P序列是专业职级，M序列是管理职级。P序列和M序列存在对应关系，比如P9对应M4。

（续）

职级	通用标准（任职资格／胜任力标准）	关键词	通俗解释
P6 （高级 工程师）	（1）在专业领域中，对公司职位的标准、要求、政策、流程等从业所必须了解的知识理解深刻，能够和经理一起探讨本岗位的产出和任务，并对经理产生一定的影响力 （2）对复杂问题的解决有自己的见解，对问题的识别、优先级分配有自己的见解，善于寻求资源以解决问题；常常因为对工作的熟练而有创新的方法，表现出解决复杂问题的能力 （3）可独立领导跨部门的项目；在专业方面能够培训和教导新员工	主动执行 独当一面	人推事，是一个能自运行的点，能独当一面
P7 （专家）	（1）在专业领域中，对自己所从事的职业具有一定的前瞻性了解，在某个方面有独到的见解，对公司关于此方面的技术或管理产生影响 （2）对复杂问题的解决有自己的见解，对问题的识别、优先级分配的见解尤其有影响力，善于寻求资源以解决问题；常常因为对工作的熟练而有创新的方法，表现出解决问题的能力 （3）可独立领导跨部门的项目；能够培训和教导新员工 （4）是专业领域的资深人士 （5）行业外或公司内培养周期较长	系统性 规划沉淀	系统性推事，连点成线纵向打通（上知逻辑和原理，下知如何推进落地），横向协同

（续）

职级	通用标准（任职资格/胜任力标准）	关键词	通俗解释
P8 （高级专家）	（1）在某一专业领域中，对公司内外及业界的相关资源及水平比较了解 （2）开始参与部门相关策略的制定；对部门管理层在某个领域的判断力产生影响 （3）对事物和复杂问题的分析更有影响力	模式创新 资源整合	人谋事，连线成面。纵向多线贯穿（上能定策略，下能推进拿结果）；横向统筹，资源整合
P9 （资深专家）	（1）是某一领域的资深专家 （2）对某一专业领域的规划和未来走向产生影响 （3）对业务决策产生影响 （4）使命感驱动	战略思考 业务闭环	综合体，连面成体。全面抓业务，实现业务闭环；能定战略，"无中生有"，促进变革

2. 晋升规则

晋升规则包括晋升标准、评估方式、晋升流程、决策方式。公开透明的晋升规则，有利于参与晋升的员工和管理者统一认识，让晋升工作在推进落地的过程中更加高效。

以阿里巴巴的年度晋升为例，晋升规则如表 4-6 所示。

表 4-6　阿里巴巴年度晋升规则

阶段	年度晋升
提名	主管提名：年度绩效 3.5 分（部分超出期望）及以上且潜力为中及以上
提名	自主提名：仅限专业序列（P 序列），绩效 3.75 分（超出期望）及以上的员工自主提名
	绿色通道：需满足年度绩效 3.75 分及以上且潜力为高及以上，由业务集团总裁/大政委提名，并递交候选人的结构化资料
	破格提名（跨级提名、现层级时长未满足要求等非常规情况）：需满足年度绩效 3.75 分及以上且潜力为高及以上

（续）

阶段	年度晋升
通晒 / 审核	业务单元通晒 + 审核所有提名候选人 业务集团通晒 + 审核提名至腰部管理者的候选人 集团通晒各业务集团的提名情况（如提名率、提名质量）
评审	低层级晋升，采取主管 + 主管的主管 +HR 的方式 中高层级晋升，采取面试方式。面试评委采取投票制决定是否通过 （评委中必须有跨业务单元的评委）
审批	所有提名结果经业务集团总裁 / 大政委审批，集团通晒
公布结果	先沟通，后公布。在晋升结果公布之前，不向候选人透露晋升结果的臆测

3. 管理者的"要"和"不要"

管理者在员工晋升中扮演着非常重要的角色，在整个晋升过程中，管理者基于什么样的初心、遵循什么样的原则参与各个环节，对人才选拔的最终质量至关重要。

首先，管理者要为组织的未来发展着想。

人才是大组织的，而非管理者所辖团队自己的。管理者要本着为组织挑选人才的初心，从组织未来发展的长期视角推荐候选人。为组织着想，还要求管理者比普通员工具备更大的格局和胸怀，能够包容风格不同但优势突出的员工，愿意推荐团队成员中在某些方面比自己更优秀的员工。俗话说，千里马常有，而伯乐不常有。阿里巴巴倡导各级管理者要拥有"伯乐精神"，能够做到敏于发现、勇于发掘"千里马"。当然，要让管理者做到这一点，光靠口号是不够的，还需在组织机制上予以保障。阿里巴巴在对干部的业绩考核中，"做业务"和"建团队"各占50%，人才发展方面的成绩如何，是管理者向更高层级晋升的一个重要考察因素。

其次，管理者要为员工的成长和发展着想。

员工工作的关键动力来源，一是薪酬，二是发展。管理者也是从基层员工一步步走上来的，视人为人，将心比心，要为员工创造适当的环境让其能够发挥所长；当员工具备了向上发展的能力时，要为员工争取职业晋升的机会。这既是管理者的责任，也是管理者领导力的体现。人心都是肉长的，当管理者的初心是为了员工的成长时，团队的成员也必然能够感受到，这也会激发团队的向心力和工作热情。

在晋升各个环节中，管理者需要注意的事项如表 4-7 所示。

表 4-7　管理者注意事项

环节	要	不要
提名	• 要对提名质量负责，加强对提名质量的把控与把关 • 提名前要对团队做盘点，检视每个人是否达到下一层级的晋升标准 • 要提拔真正令人信服的候选人，做到无争议、无异议	• 杜绝以"试一试""看一看"的心态提名候选人
候选人准备	• 要和被提名候选人说清楚提名理由，辅导候选人回顾总结 • 要说清楚公司对下一层级的要求，帮助候选人分析面对更大的挑战 • 要做好候选人的心理建设和预期管理，引导候选人认识到职业发展是长跑。既要珍惜当下的机会，争取最好的结果，更要把晋升的过程当成一次锻炼机会。一次成败不要紧，走得更远才是最重要的	• 严禁主管帮候选人一页一页过PPT、刷题、组织模拟面试等过度辅导行为 • 严禁主管帮候选人包装，把他人的成绩说成是候选人的

（续）

环节	要	不要
评审	• 管理预期，不能过度承诺 • 参加面试评审会，全程不能发表意见，只能倾听和记录	• 禁止任何形式的拉票行为（包含评审前后私下找评委、拉人站台等） • 禁止提前打听或透露评审结果 • 上述行为一经发现，将取消晋升资格
结果沟通	• 无论是否晋升成功，都要对候选人进行事后的跟踪、沟通、反馈 • 结果公布时，要先进行面对面沟通，再公布结果，确保候选人对结果无异议 • 要把对候选人的未来的要求和期待讲清楚	• 不要简单告知结果，走过场

晋升的目的是发现人、发展人，最终是为了满足当下和未来业务对人才的需要。管理者要避免把晋升纯粹当作激励手段，为了激励而晋升；也不能为了挽留个别员工，把晋升作为和员工交换的条件，偏离了组织的用人标准。

不管候选人最终是否能够通过晋升，管理者都需要和候选人进行坦诚的沟通，给候选人有针对性的反馈和建议。如果候选人通过了晋升评审，意味着候选人需要承担更大的责任，管理者要把未来的要求和期待讲清楚；对于晋升评审没有通过的候选人，管理者可以和候选人一起总结原因，帮其寻找不足和盲区，进而明确改进方向和改进计划，通过不断完善自己，为自己争取下一次机会。管理者的关心和支持，会让候选人感到温暖，看到希望。反之，则可能导致优秀员工因为晋升没有通过而状态低迷，业绩下滑甚至离开团队。

让不合适的人下车

员工汰换是团队管理中不可避免的一件事。首先，业务方向的变化、业务流程的调整、大组织人才结构的调整等因素会影响团队的人员构成。此外，根据员工的绩效表现和能力水平，主动对团队人员进行调整乃至汰换升级，也是管理者必须思考并采取措施的。

员工汰换会触碰到更深层的个人利益，对当事员工、主管以及团队其他成员产生很强的心理冲击。对于当事员工而言，被裁不仅意味着丢掉工作，一定程度上也意味着一段职业经历的失败。对于主管而言，要审视自己是否有明确的用人原则和用人标准，在用人过程中的管理动作是否到位；对于长期合作的员工，是否过得了自己的感情关，自己的"人设"是否会被破坏；对于团队其他成员而言，则可能会担心自己是否安全。如果有新人替换被裁员工，和新的接任者是否能顺利合作？如果没有新的接任者，被裁员工的工作是否会分摊到自己头上？自己在将来是否需要调整行为习惯和处事方式？这些潜藏在各方心中的念头，会在员工汰换事件中被放大甚至被情绪化。因此，相比招聘或晋升等其他团队管理动作，员工汰换更加考验管理者的心态和管理成熟度。

阿里巴巴在管理上有一句俗语——"没有开过人的管理者不是合格的管理者"。这强调了在员工汰换方面，管理者是否提前就有明确的用人标准；是否能够准确识人，并在判断员工不适合时，敢于及时做决策；员工汰换时是否做到让当事人及团队其他成员心服口服。这是考验一位管理者管理成熟度的一个重要场景。

管理者在进行员工汰换时，秉持什么样的理念，采取什么样的方式，很大程度上受该组织的企业文化和管理理念的影响。尽管如此，仍然有一些被普遍认为是卓越管理者应该具有的理念和原则。

汰换的理念

1. 对不合适员工的姑且，就是对优秀员工的不公平

对不合适员工的大度和容忍，会滋长团队的不良风气，也会让优秀员工灰心丧气，最终的局面很可能成了"劣币驱逐良币"，该走的不走，不该走的走了。

2. 让不合适的员工离开，未必是"害了他"

杰克·韦尔奇曾经说过这样一段话："如果在一个人到了中年之后，还没有被告知自己的弱点，反而在某一天因为节约成本的原因被裁掉了，这是最不公平、最不应当发生的事情。就是因为这家公司太仁慈了，他连出去找工作、提升自我的可能性和机会都没有。"

每个人都有各自擅长的领域，对不同环境的适应能力也不同。离开一个不适合的岗位，避免"温水煮青蛙"的结局，未必是一件坏事。

3. 让不合适的人离开，是管理者的责任和担当

苹果公司的创始人兼 CEO 乔布斯曾说，管理者不敢及时做裁人的决策，根本而言，是没有把共同事业放在首位，心存私念，怕影响了自己的"好人"形象。中国也有"慈不带兵"的古话，战争是残酷的，将领带兵只有恩威并施，才能树立起高度的威信，才能在军队中做到令行禁止。如果将领一味地宽厚仁慈，时间一长，将领的指令就失去了约束力，士兵们会军纪涣散，这样的军队是没有什么战斗力的。

吉姆·柯林斯曾在《从优秀到卓越》一书中提到："卓越的管理

者首先确定的不是要将车开往何处，而是首先考虑请合适的人上车，让大家各就各位，让不合适的人下车，最后才决定开往哪里。"

尽管柯林斯"先人后事"的理念更适合高层管理者，尤其是高管团队，但对于中基层团队的管理者而言也有很大的启发。对于中基层团队而言，往往先设定目标，再看团队人员如何配置才能更有利于目标达成，这便是"先事后人"的逻辑。不管先人后事，还是先事后人，"能人上，庸人下"都是管理者必须具备的理念和需要果断决策的一个关键管理动作。

汰换的原则

1. 功在平时，水到渠成

管理者在带团队过程中，首先要明确规则，丑话当先。例如，公司的红线是什么？每位员工的业绩目标是什么？团队成员在行为上"要什么，不要什么"？做得好会怎么样，做得不好又会怎么样？要把这些规则提前与团队成员讲清楚，为后续的管理动作设定前提和标准。

如果能更进一步，管理者可以组织团队成员共同讨论这些规则，甚至鼓励大家提出新的规则，或者对现有规则提出调整建议。这种开放、坦诚的讨论和沟通，有助于促进管理者和员工、员工和员工彼此之间更加了解对方的想法，促进换位思考，进而形成高质量的团队共识。此外，员工参与制定团队规则，也有利于针砭时弊，让团队规则更有利于解决真正制约员工工作积极性和工作效率的问题，让团队规则更接地气。更重要的一点是，通过参与讨论，让员工有发言权，成为制定团队规则的参与者，这样能极大地唤起团队成员的主人翁意识，将"领导要求"转化为"集体约定、集体承诺"。有了这样的集体共识，必然能激发团队成员共同践行的热情，从而将其真正转化为将来的集体行动。

当然，在讨论团队规则的过程中，管理者要把握好大的原则，要把讨论设定在"为了实现更好的团队效能、为了取得更好的团队成果，为了将来成为更加优秀的团队、为了团队成员更好地发展"等以大局为重的出发点上，避免陷入小团队甚至个人利益的主张和辩论中。

明确了团队规则后，在日常工作中，管理者不能忽略的一个重要的管理动作就是过程中的检查和反馈。

检查和反馈可以是定期的，比如以月度或季度为周期进行回顾和检视；也可以是非定期的，比如通过走动式管理，随时了解员工的工作进展。当发现员工在工作中出现问题时，管理者应及时给予员工反馈，指出员工存在的问题，提出具体的改进要求。

对于反馈后仍表现不佳的员工，管理者可以对造成该员工表现不佳的原因进行分析。如果是该员工在技能上存在短板，可以安排其参加相关的培训或进行其他形式的学习（如师带徒）；如果是该员工的特长和个性特点不适合该岗位，那就要考虑转岗，让该员工尽可能发挥自身特点。人尽其才，才是让团队和个体双赢的最佳结果。

招聘员工时已经耗费了大量的组织资源，既然能加入企业也说明员工是基本符合企业人才标准的，而且重新招聘接任者，除了投入钱和精力，还要投入很大的时间成本。因此，除非员工出现了严重违背企业价值观的行为，或者因工作差错导致了严重的后果，或者因业务优化调整造成岗位消失，否则管理者在辞退员工时往往都要非常谨慎。

通过预设规则、过程反馈以及培训和调岗等仍然不能适应工作要求的员工，就需要进行汰换了。如果当事员工了解整个过程，当面对被辞退的决定时，也就不会觉得是个意外的"惊吓"了，相比没有这个过程而言，更能坦然面对，并理性思考未来更适合自己的职业规划。体面告别，对双方来说是最好的结局。

2. 真诚，但是坚决

对于处理和人相关的工作，真诚往往比各种管理技巧、各种"套路"更重要。在透明、坦诚的评价与沟通下，员工会更清楚自己面临的状况，对结果的预期会更趋于客观理性。

突发性的当场裁员，似乎显得"霸气、果断"，但会让员工感到既不服又屈辱。除非员工触碰了底线，否则在没有工作过程中沟通和反馈的情况下，突如其来的裁员会让员工心怀怨恨。员工离职后批评、抹黑前雇主，甚至在业务上打击报复前雇主的案例也不在少数。

视人为人，己所不欲勿施于人。管理者在员工汰换这个环节上，要做到当机立断，避免犹豫不决，不要把自己的时间和精力消耗在处理表现不佳的员工上，而是聚焦在关键人才和对有潜力人员的培养上。同时，在日常工作中，也要通过定期检查和反馈，确保员工理解工作要求，对不足的地方能够限期改进。

好的汰换是水到渠成的，及时做决定对于员工来说，不仅可以不必因模棱两可而成天惶惶不安，还能够尽早规划自己的未来。

最后，在和员工沟通汰换决定以及后续办理离职的过程中，要尊重员工的感受，让员工体面地离开。

汰换什么样的人

对违法乱纪、触碰企业价值观行为规范底线的员工零容忍，对绩效持续不达标的员工进行汰换，这两类情况基本是企业的共识。但在现实中，有两种情况是让管理者比较纠结的。

一种情况是员工个人能力很强，业绩也非常好，甚至是团队的顶梁柱，但是出现了不符合企业价值观的行为，这种员工要不要汰换？从理论角度来讲，价值观是组织的立身之本，对不符合组织价值观行为规范的员工仍予以留任，会让人觉得这家企业连自己奉行的价值观都可以不坚持，更何谈取信于人？所以，对于这样的员工，就应该果断采取汰换措施，以儆效尤。

如果管理真的这么简单就好了，身处其中的管理者做决定时可没这么轻松。如果管理者手里有多张"好牌"，没了这张还有其他牌可打。但是如果管理者手里就这一张"好牌"，没了这张牌就会输掉牌局，那还要不要放弃这张牌呢？尤其对于中小企业来说，手里的"好牌"没有那么多，遇到这种情况，如何做决定就成了一个艰难的选择。

在这种情况下，需要判断员工违反的价值观是属于底线性质的，还是属于非底线性质的。例如，"诚信"是属于底线性质的，如果出现欺诈、贪腐等行为，必须严惩，除辞退以外，若触犯了法律法规，还要移交司法机关处理。但对于"务实""创新""坚韧"之类的价值观，并不属于底线性质，可以根据具体的行为和结果进行奖惩，不必采用"价值观一票否决"这种一刀切的方式，一棒子打死。

所谓用人之道，关键是用人所长。能力强、业绩好、价值观也很正，当然是每位管理者心中对理想人才的期望，但现实中很难有这样面面俱到的人才，尤其是打逆风仗的时候，有能力、能拿到结果，对团队的生存和发展至关重要。对于这类员工，如果非底线性质的价值观不达标，可以作为改进项，但不应该成为"必杀"项。

　　至于这类员工，如果仅仅是在个性方面和管理者不合拍，比如在工作方法、沟通方式上让管理者不舒服，管理者更要避免将员工的个性问题上升到价值观问题，用企业价值观做"武器"打压员工，否则结局必然是逼走了员工，也损害了团队业绩。管理者要从团队的长期能力建设出发，一方面着力培养有潜力的员工，另一方面不断沉淀经验，将团队中员工的优秀经验转化为团队的共同财富。如果团队的整体能力提升了，管理者手里的牌自然就多了，就能避免个别员工出现问题时，团队的整体业绩随之出现滑坡。

　　另一种情况就是如何对待"白兔"型员工。所谓"白兔"型员工，指的是价值观很正，但业绩表现不佳的员工。再细分一下，这类员工又包括两种类型：一种是初入职场的"小白兔"；另一种是在岗时间比较久，但是"在其位不谋其政"的"老白兔"。

　　"白兔"的特点是看起来很可爱，态度好、人缘好，日常表现也恪守纪律，中规中矩，一副人畜无害的模样，但就是不出业绩。这类员工要不要汰换呢？

　　答案是肯定的。

　　"白兔"的"传染"能力非常强，一个人的不作为很快会传染整个团队，最后形成"兔子窝"。这些人霸占着资源和岗位，企业如果不加以控制，任其肆意蔓延，就会造成整个团队竞争力下降和团队管理失控的危险。

　　但在对待"小白兔"和"老白兔"上，应该采取不同的方式。

　　"老白兔"在团队的发展历程中可能曾经辉煌过，或者对团队做出过贡献，对这类员工手起刀落，于法于理可以说得过去，但是于情，可能会让团队的其他成员寒心。

　　团队不能养闲人，对"兢兢业业混日子、不思进取熬资历"的

"老白兔"听之任之，无疑对团队是一种更大的伤害。

对于这类员工，管理者首先要思考，是什么原因导致员工出现这种状态的。是能力跟不上，还是放错了岗位？如果是能力跟不上，可以给予学习资源的支持；如果是放错了岗位，可以进行调岗。例如，一名员工在一个岗位时间久了，就容易出现懈怠；或者该员工和管理者的配合不顺畅，导致心灰意懒。管理者可以通过调整其工作岗位，重新激发该员工的活力。

无论哪种情况，管理者都要对员工提出明确的改进要求和需要达到的目标期望。通过赋能或调岗，如果员工仍然没有改进，管理者就要果断采取汰换措施。

对初入职场的"小白兔"，建议采取"培训－调岗－汰换"（Train-Remove-Fire）三阶段管理方式。

这类员工的工作经验和能力往往不足，但是想把事情做好的进取心和愿意学习的动力是比较强的。组织看好的主要是他们未来的潜力。另外，到底他们更适合哪类岗位，也需要做一些尝试进行识别。

对于这类员工的管理重点，可以先培训其基础能力，如果发现当前岗位不适合，可以调岗，尝试其他岗位的适配度。这些组织资源的投入，实际上是对未来的投资。既然是投资，就有可能成功也有可能失败。如果这类员工经过了培训（Train）和调岗（Remove），仍不能适应岗位要求，接下来就需要进行汰换（Fire）了。

汰换后及时"消毒"

进行员工汰换后，要及时、透明地和团队讲清楚汰换的原因以及后续安排。

设想一下，如果你是以下情形中的员工小张，你会有什么感受？

- 情形一：小张发觉同组的小李好几天没见了，和人一打听才知道，原来小李几天前就被辞退了。
- 情形二：小张因为工作上的事，要联系小赵，打开部门通讯录，发现小赵不在部门通讯录里。到底发生了什么？
- 情形三：部门里的小孙走过来，神神秘秘地问小张：你知道小李为啥被开掉了吗？其实呀，原因是……

如果你是小张，肯定也是先错愕，后迷糊，然后就各种打听，最后被各种版本的小道消息搞得晕头转向，不由得也开始担心起自己的职业安全。幻象出各种可能的不利后果后，整个人也变得郁闷起来……

这个场景的描述虽然有点夸张，但是类似的情形也并不少见。

公正和透明是团队风清气正的基础。正本清源，公开透明地说明员工汰换的原委，不仅能稳定人心，同时也是一次重申团队规则，强化团队的"要"和"不要"，从而促进团队向更好方向发展的契机。

培养多样化的劳动力生态

随着新技术和新商业模式的快速兴起，旧的组织模式也在不断进行变革和重构。尤其是新冠疫情以及日益激烈的地缘竞争，使得世界陷入了一个不确定的时代。这些因素叠加在一起，使得组织模式正以一种深刻的、持续的、结构化的方式加速演变。

在充满不确定性的环境中，如何让组织更加灵活敏捷地配置人力资源，让整个组织更有韧性的同时，又能提高劳动生产率和创新活力？这是摆在所有企业管理者面前的一个问题。

人才体系是组织模式中的一个核心组织部分。在规划人才体系的时候，突破以"企业"为单位的旧有思维，代之以"生态系统"的视角进行思考，是近年来许多企业尝试并取得成效的一种方式。

传统的人才获取和管理模式强调人才必须为我所有，且只能为我所用。于是企业建立各类人才齐备的人才库，几乎覆盖业务全链路，从研发到生成再到交付，乃至配套的各职能部门，最好能做到业务全链路完全自闭环。

如果在工业化、线性增长的市场环境下，这种组织模式能够降低业务全链路各节点之间的交易成本，提高生产效率，从而提升组织的整体效益，给组织带来显著的规模优势。

但是这种业务全链路自有人才库的组织模式也有两个弊端：一是在复杂多变的环境中难以根据市场变化进行快速的业务调整和组织能力切换；二是当组织规模越来越大的时候，组织的运营成本和管理成本会呈指数级上升，当规模膨胀超过一定的阈值，就会出现在组织侧的单位成本投入低于收益的现象，也就会出现"规模不经济"。因此，组织更有弹性和灵活度地控制规模，不仅有利于业务的灵活布局，也有利于组织实现更高的边际收益。

在德勤咨询公司的《2023年全球人力资本趋势报告》中，归纳了劳动力市场的六大趋势。

（1）人才自主性的兴起。越来越多的各种类型员工正在获得决定他们如何工作、在哪里工作以及为谁工作的话语权。

（2）人才短缺。企业越来越难以找到所需的人才，并且愿意接受各种形式来获取相应的人才。

（3）业务敏捷性的需要。企业需要随着市场的变化快速改变企业战略，并相应地调整人才策略。

（4）代际偏好。年轻一代对工作和职业的看法与老一代不同，他们不一定认为自己会长期为同一家企业全职工作。

（5）数字技术和非传统工作场所的兴起。技术的进步使得员工能够在任何时间、任何地点、任何劳动模式下高效地工作。

（6）转向技能型组织。具有前瞻性的组织把主要关注点从岗位和职称转向技能，即无论就业模式如何，注重的都是劳动者所提供的技能。

在这些新的趋势下，构建多样化的劳动力生态，就成为一种新型的人才组织模式。在这种模式下，企业员工的边界扩大了，员工不再仅仅是传统的企业内部员工，还包括其他类型的员工，如自由职业者、兼职工作者、长期承包商、第三方和专业服务机构。

建立一个和当前业务在能力上高耦合、在劳动关系上高灵活度的人才库，能让组织快速获得所需要的技能和经验，并能根据业务需要快速调整人员的结构和数量，从而让组织更有弹性和敏捷性。

对于劳动者本身来讲，他们可以根据自己的特长、兴趣、发展目标等，选择不同的就业模式，如自由职业模式、专业社群模式、企业员工模式等，从而在工作上的合作对象、合作内容、合作时长方面拥有更大的自主性。

亚马逊（Amazon）在建立其运输部门"亚马逊物流"时，公司并没有直接雇用司机，而是与独立的快递公司合作。这也是越来越多企业正在采用的策略，即借助合作伙伴来提供关键的劳动力。

多样化的劳动力生态不限于外包一些标准化程度高、重复性高的工作，事实上，不管是为了效益的提升、能力短板的补足，还是为了符合当地法律法规对劳动力在合规方面的要求，只要是利用外部人力资源解决自身劳动力问题的，就是构建新型劳动力生态的一部分。

　　华为作为一家以科技创新为核心竞争力的公司，除了不断强化自身的研发能力，建立更广泛的人才联盟和构建更广义的"人才池"也显得尤为重要。为此，华为和多家著名高校、科研机构建立联合实验室，广泛利用全球科技研发高地的人才优势，打破组织边界，为华为的技术积累和技术创新提供有力的支撑。

　　多样化的劳动力生态正成为企业组织变革的重要趋势，企业越来越依赖非传统类型的员工来交付高价值和战略性的技能和活动。然而，企业的人才管理模式却滞后于这种变化。在企业中，非传统类型的员工通常被视为"外人"，不会被纳入企业的员工管理范畴，他们在个体发展方面难以获得机会，对企业的贡献难以得到有效的认可，也难以建立起在组织文化和团队情感上的连接，这些都会制约他们释放其全部生产力。

　　多样化的劳动力生态，并不只是在人才结构上用一部分外部劳动力替代或补足内部劳动力。更重要的是，管理者需要在思维和管理模式上做出改变。这意味着，"要把所有类型的员工视为对企业具有同等价值并不可或缺的一部分，不仅要将非传统类型的员工明确地纳入劳动力战略和计划，还要将所有员工融入组织文化"。无论编制内还是编制外，无论远程的员工还是现场的员工，每位员工都应该能够体现企业的核心价值观，并对企业有认同感和归属感。因为从客户的角度来看，他们并不认为企业雇用的临时员工只是来帮忙的，他们认为这些人也是企业品牌形象的一种反映。

　　这并不意味着所有员工都应该受到相同的待遇。不同类型的员工具有不同的需求，他们会基于不同的权衡视角，选择以不同的方式为企业贡献价值。例如，传统全职员工选择对单一雇主忠诚和投入，以换取全额的福利及更大的工作保障；其他类型的员工则以较少的福利换取更高的时薪以及更大的灵活性。因此，在多样化的劳动力生态中，也需要多样化的薪酬激励、个体成长和文化建设机制。

只有通过有目的且系统性的规划，对传统的员工管理模式进行改革，企业才能更好地驾驭并激活劳动力生态系统。对于企业的管理者而言，结合企业自身的业务特点，以更开阔的视野，积极思考和布局多样化的劳动力生态系统，是未来组织的必然要求。

这里也引用《2023年全球人力资本趋势报告》中提到的两个案例，我们来看一下在不同的业务场景下，多样化的劳动力生态的管理实践。

某医疗机构正在探索建立一个联盟，以培养及共享跨成员组织的人才，从而建立更具吸引力的集体雇主品牌，并解决医疗行业的人才短缺与挑战。人才共享平台可以让联盟内的人才部署变得更灵活，也让员工在联盟组织中获得更多的职业发展空间，同时扩大员工的就业机会并增强员工的自主性。

两家大型媒体公司进行了合并。在合并过程中如何整合劳动力是一项关键议程。传统的劳动力整合，通常首先考虑内部员工，但该公司在整合过程中却有意识地首先考虑外部员工，然后才考虑内部员工，并对双方在重叠领域的人选进行比较。这一转变使公司可以更有效地确定岗位的重要程度和人才的优先级，并为未来整合后的组织制定正确的发展方向和管理模式。

组织运营

解决影响组织效能的关键卡点

　　在组织完成业务规划后，就明确了业务要干什么、怎么干，以及要达成什么结果。在这个基础上进行组织设计，包括对组织架构、角色分工、组织机制、人才状况进行检视并优化，以适配业务策略的需要。这些工作完成后，就进入目标执行阶段。在此阶段，管理者最重要的职责就是将业务规划转化为团队行动，并通过一系列管理动作确保在动态的内外部环境中执行动作的有效性，最后拿到业务结果。

　　战略到执行之间存在一道巨大的鸿沟。在很多情况下，战略的质量并不差，但到了执行阶段，就出现执行效率低、执行不到位、执行偏差、僵化执行等各种情况，最终导致战略失败。

　　吉姆·柯林斯曾经带领团队花费数年时间研究了不同行业的 18

家卓越公司，并且分别挑选了对应的同行业的 18 家其他公司作为对照组，经过实证对比研究，得出一个结论："战略本身并不能将卓越组公司与对照组公司（普通公司）区分开来，两组公司都制定了明确的战略。也没有证据表明，卓越组公司在制定长期战略上花的时间比对照组公司多。"这个研究结论带来的启示是：战略本身不是区分优秀企业和平庸企业的标准，有效实施战略才是制胜的关键。

《哈佛商业评论》的一项对全球 400 位 CEO 的调研发现，卓越的战略执行力是企业家面临的头号挑战，其挑战难度的排名甚至超过了创新和总收入增长等。全球成功执行战略的比例为 25% ～ 35%，而最悲观的估计是最多有 10% 的企业能够有效地执行战略。

想要有效地执行战略，首先要确保企业的战略和员工的行动是一致的。这包括高层管理者要将全局战略目标拆解到关键策略中，中层管理者要将关键策略拆解到部门目标中，一直到基层管理者把部门目标分解为每个员工的具体任务。最后，每位员工为自己的任务制订行动计划。在这个链路中，因为信息误差、理解错位等造成的每一次偏差，都会累积成末端行为和结果的巨大偏离。上下级之间的策略和目标不能精准对齐，组织资源不能充分聚焦到企业的战略目标，这是造成战略和执行之间存在鸿沟的第一个原因。

战略和执行之间存在鸿沟的第二个原因在于平行部门之间的难以协同。所谓战略，必然是全局性的，需要各部门齐心协力才能达成。在战略执行过程中，各"军种"、各"战区"之间是否能高效协同，决定了组织整体效能的高低，进而决定了战略可以实现的程度。试想一下，一个山头林立、各自为战、相互掣肘的组织，怎么可能打得了胜仗。协同虽然很重要，但在很多组织中却是一个痛点。在各类组织研究的报告中，在组织面临的关键问题列表中，协同问题往往排名靠前。

　　战略和执行之间存在鸿沟的第三个原因是组织能力不能有效地支撑战略。无论所做的是哪种业务，只要处于开放的竞争市场，如果没有差异化的核心竞争力，都难免被快速模仿，甚至被对手超越。这种核心竞争力（或称为核心能力）在表面上表现为某种业务上的能力，如技术能力、市场能力、服务能力等，这些"硬实力"构建起企业的竞争壁垒。但在根源上，这种核心竞争力则来源于组织土壤这个"软实力"，即由组织文化、流程、机制、领导力这些要素所构成的组织环境孕育出来的。对于业务管理者而言，打造团队的核心业务能力，实现业务目标，强化竞争优势，这些是其关注的重点。对于企业的决策者而言，思考业务成长背后的组织基因，沉淀、复制、放大这种基因的效果，就是在"造土壤"，即构建一种底层的组织能力，这种能力是更本质的一种核心能力。企业的战略即使再高明，如果在核心能力上有差距，战略目标也很难实现。

　　市场是动态变化的，尤其在 VUCA 时代，唯一不变的是变化，唯一的常态是没有常态。在这样的背景下，战略难以做到在一开始就把方向、结果、路径都想清楚，往往是先瞄准一个大方向。具体如何实现，需要在执行的过程中不断迭代修正，最终形成有独特竞争优势的业务模式。这就如同摸着石头过河，最佳路径是在实践中摸索出来的。在《基业长青》一书中，有一条研究结论是这样的：高瞻远瞩的公司部分最佳行动来自实验、尝试错误和机会主义，说得正确一点，是靠机遇。时过境迁之后，看似高明的远大眼光和事前规划，经常都是"我们多方尝试，保留可行项目"。在战略执行的过程中，不能有效地进行反思和修正，找到实现战略的最佳路径，即不能思辨地执行战略（尤其是中高层管理者），这是造成战略和执行之间存在鸿沟的第四个原因。

我们把这四大造成执行鸿沟的原因简称为：上下不齐、左右不通、能力不足、校准不够（见图 5-1）。

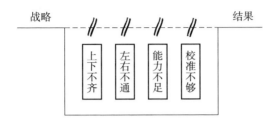

图 5-1　执行鸿沟产生的原因

管理者如何在执行阶段，完善管理方法，提升管理能力，从而避免掉入执行鸿沟，是确保战略能够真正落地的关键。

如何让团队的目标和行动做到上下对齐

目标一致是团队上下同欲、力出一孔的基础，要做到这一点必须关注三个关键环节。首先，在目标拆解阶段，需要做到上下对齐。下级的目标要承接上级的策略，下级目标的实现要能确保上一级的策略成功。同时，整个组织要收敛焦点，聚焦少而精的关键目标，避免资源和精力分散，对关键目标没有形成合力，最后捡了芝麻丢了西瓜。

其次，在执行过程中，管理者要通过不断地检查和反馈，跟进和监督目标的执行情况。对表现良好的员工进行及时的反馈和鼓励，对需要改进的员工进行辅导，从而确保整个团队在执行过程中能保持方向统一、步调一致。

最后，团队的绩效考核和利益分配要和目标保持高度一致。考核时既要看结果，也要看过程。没有结果，再好的过程也没有意义；不作为就能拿到的结果、靠寅吃卯粮或其他变相损害目标价值的手段拿到的结果，即使这个结果再好，也拿不到好的考核成绩，甚至还要给予惩戒。

在执行过程中确保目标与行动一致

在第 2 章中已经详细介绍了在目标设定阶段，如何对目标进行拆解，以使整个组织的目标做到上下对齐、左右拉通。接下来我们看一下，如何在操作层面根据目标制订执行计划，以及如何跟进计划。

我们看一下整个目标周期的管理过程（见图 5-2）。

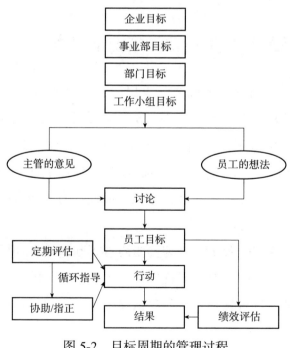

图 5-2   目标周期的管理过程

　　员工在制订计划时（管理者也一样），和上级主管进行深度沟通是非常必要的。通过沟通，一方面，可以让自己更好地理解上级部门的大目标，以及自己需要承担的任务；另一方面，就如何设定自己的目标，提出自己的想法，并征求上级主管的反馈意见。在业务复杂或者业务方向变化等情况下，这样的沟通甚至需要经历多轮才能最终达成共识。

　　我们可以用如表 5-1 所示的模板撰写工作规划表，以便于上下级之间或协同方之间（有时候自己的目标也需要参考协同部门的意见）对目标进行讨论，并最终形成员工的工作规划档案。团队内使用相同的模板工具时，大家会在一个统一的框架下，用共享的思维结构和话语体系对话，这将大大提高沟通效率。

表 5-1　工作规划表模板

年度（半年度）工作规划表				
部门：	部门主管：	日期：	会计年度：	审核人：

情况分析：
- 在上级主管的目标及策略中，自己需要承担的任务是什么
- 要完成所承担的任务，所面临的主要困难或机会是什么

目标	预期成果	关键策略	成效衡量	负责人
上级主管的目标及策略中，需要自己承担的部分	针对目标要达到的结果，必须是可衡量的（要么是量化的，要么是关键里程碑）	应对主要困难或机会的成功的关键因素	用来衡量执行策略是否成功的指标，必须是可衡量的	策略的负责人，必须明确且唯一，以确保职责的归属
目标 1：		策略 1：		
		策略 2：		
		策略 3：		
目标 2：				
目标 3：				

在这个年度（半年度）工作规划表中，首先要做的是"情况分析"，就是基于自己的职能定位，思考自己要承担上级主管的目标和策略中的哪些部分，以及要想把这些部分承担好所面临的主要困难点是什么，有哪些新的机会点。这里要注意的是，这些困难点和机会点的选择，要遵循"20/80原则"，只选择最关键的、对结果影响最大的，而不是把所有可能的情况都罗列进去。

我们通过下面的案例来看一下撰写这种规划表的逻辑。

又到了做年度规划的时间，今年事业部总经理的年度策略里，有一项内容是"降低客户投诉率"。李明是下属部门客服部的负责人。处理和客户投诉相关的工作是客服部的一项主要职能，"降低客户投诉率"就是李明今年的目标之一。

经过分析，李明发现导致客户投诉率高的原因主要有三个，排名第一的是"上门维修不及时"。过去一年中，该项投诉占到所有投诉的30%。如果能把这项投诉降低50%，那整体投诉率就会降低15%。而造成"上门维修不及时"的主要原因，是售后网点的覆盖率不足。同时，随着网络技术的普及，越来越多的客户希望用自助或远程的方式帮助他们对产品做一些简单的故障诊断和修复。这样不仅可以让用户节省大量时间，同时也会大大缓解售后网点的维修压力。

据此分析，解决投诉率高这个问题的最大困难就是"售后网点覆盖率不足"，而"利用互联网技术创新售后维修模式"就是一个新的机会点。

接下来李明思考的是：要克服这些困难或把握这些机会，最关键的要素是什么？这些关键要素之间还要相互独立，彼此之间不能是因果关系或重叠关系。

经过和团队员工的讨论，发现要解决售后网点覆盖率不足这个问题，最关键的因素并不是网点数量，而是售后技术工程师的数量。多开一些网点是比较容易的，难的是没有足够的熟练工程师可以部署到这些新网点。另外，现有网点的工程师也存在忙闲不均的情况。如果能对工单分配进行动态调整，让临近的网点之间可以相互调配人手，也会提升维修服务的整体效率。

因此，要解决售后网点覆盖率不足的问题，有两个关键的要素：一是增加熟练工程师的数量；二是改进工单分配系统，提升现有工程师的效能。

针对"利用互联网技术创新售后维修模式"这个机会点，最关键的要素就是建立客户维修服务信息平台，让客户可以通过小程序接入，实现自助式问题解决，或者寻求在线技术专家的帮助。

按照这个思路，客服部负责人李明撰写了如表 5-2 所示的年度工作规划。

表 5-2　年度工作规划

目标	预期成果	关键策略	成效衡量	负责人
目标 1：降低客户投诉率	客户投诉率降低 50%	策略 1：增加熟练工程师的数量，增大网点覆盖率	3 月底前新增 50 名售后维修工程师，网点覆盖率提升 10%	团队成员 A

（续）

目标	预期成果	关键策略	成效衡量	负责人
目标1：降低客户投诉率	客户投诉率降低50%	策略2：对工单分配进行动态调整	全年现有售后维修工程师人效提升20%	团队成员B
		策略3：建立客户维修服务信息平台	5月底前上线信息平台	团队成员C

　　李明和上级主管沟通了这份年度工作规划并得到了认同。随后，按照相同的逻辑，团队成员A制定了自己的年度工作规划，其中对应策略1的内容如表5-3所示。

表5-3　团队成员A年度工作规划中对应策略1的内容

目标	预期成果	关键策略	成效衡量	负责人
目标1：增加熟练工程师的数量，增大网点覆盖率	3月底前新增50名售后维修工程师，网点覆盖率提升10%	策略1：通过招聘/轮岗扩充工程师的数量	2月底前通过招聘新增50人，通过轮岗新增10人	小组成员X
		策略2：通过培训及考核，确保上岗人员能力达标	3月底前完成新人岗前培训并考核，淘汰不合格人员	
		策略3：增加覆盖率严重不足区域的网点数量	4月底前完成20家新网点开业，人员部署到位	小组成员Y

　　工作规划完成后，就明确了在这个年度要干的最重要的几件事，以及怎么干、谁负责干、干成什么样。接下来，为了进一步把这些想法落到实处，就需要把规划变为行动，也就是将规划中的各项策略和措施转化为具体的执行计划。

以团队成员 A 为例，他在年度工作规划中，关于"策略 1"的季度执行计划如表 5-4 所示。

有了具体的执行计划，就有了从规划到结果的行动路线图，员工可以对整体工作节奏、关键动作、重要节点有更清晰的把握，管理者也可以在执行的过程中更好地跟进计划的进展状况，防范可能出现的风险。

没有行动层面的路线图，过程管理就没有抓手，也很难做好；没有好的过程管理，也几乎不可能有好的结果。

进入执行阶段后，随着时间的推进，管理者必须定期对各项工作进行检查，以保证进度符合预期，同时对不利的情况及时做出调整。定期（如周会 / 月度会 / 季度会）召开业务检视会，而不是流水账式的汇报会——让所有团队成员把自己所干的事情都说一遍，这种会议的结果往往既浪费时间，又不解决问题。每个团队成员的工作进展信息，只要定期写成总结，发到团队的工作群或共享文件夹，能在团队中分享信息即可。定期的业务例会的重点应该放在对关键指标有关键卡点的事项上，核心目的是解决问题。

在业务检视会上，可以用如表 5-5 所示的模板，对重点工作进行回顾和讨论。

表 5-4　团队成员 A 在年度工作规划中关于"策略 1"的季度执行计划表

季度执行计划表

部门：客服部	姓名：A	日期：	会计年度：×× 年	季度：1 季度	审核人：

目标 1：增加熟练工程师的数量，增大网点覆盖率
预期成果：3 月底前新增 50 名售后维修工程师，网点覆盖率提升 10%

策略	成效衡量	关键动作（项目 / 任务）	负责人	1 月 第一周	1 月 第二周	1 月 第三周	1 月 第四周	2 月 第一周	2 月 第二周	2 月 第三周	2 月 第四周	3 月 第一周	3 月 第二周	3 月 第三周	3 月 第四周
策略 1：通过招聘 / 轮岗扩充工程师的数量	2 月底前通过招聘新增 50 人，通过轮岗新增 10 人	1. 确定新招人员将来的部署计划	X	■											
		2. 确定招聘渠道	X		■	■									
		3. 完善岗位说明书	X		■										
		4. 面试及录用	X				■	■	■	■	■				
		5. 确定内部轮岗名单	Z				■	■	■	■	■				

表 5-5　对重点工作进行回顾和讨论的模板

目标执行检视表

部门：　　　　　姓名：　　　　　日期：

审核期间：× 年 × 月 × 日～ × 年 × 月 × 日

目标及策略		完成进度（%）	状况
目标 1：　　　预期成果：			
策略 1	衡量指标		
策略 2	衡量指标		
策略 3	衡量指标		
目标 2：　　　预期成果：			
策略 1	衡量指标		
策略 2	衡量指标		

状况： ● 符合预期　▲有风险但可控　◆显著滞后且有失控风险

避免显著滞后的策略项	关键阻碍	计划采取的对策及计划	需要的支持

进展大幅超出预期的策略项（如果有），其关键的成功因素是什么？是否可复制？

　　以上案例中的流程以及其中的模板，参照了惠普公司使用了多年的方法。它实际上是一个从规划到执行的完整过程。通过这个流程，就能将一个组织的大目标自上而下转化成员工的行动计划，而且还能够确保上下是对齐的。

上下目标对齐只是长征的第一步，但这一步对后面的过程管理非常关键。如果一开始大家就目标不清、目标不齐甚至目标冲突，那接下来等待管理者的就是无尽的噩梦。

另外，再完美的目标规划、目标拆解，如果没有好的过程管理，也只是纸上谈兵，到头来难免竹篮打水一场空。这就要求管理者在目标执行过程中，通过定期检视，确保行动的结果和预期一致。一旦发现问题，就需要马上采取措施进行改进。

我们把上面的案例归纳一下，可以得到以下流程图（见图 5-3）。

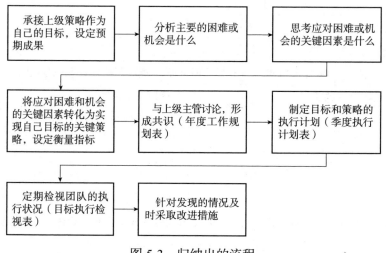

图 5-3　归纳出的流程

在过程管理的时候，管理者不仅是"检查员"，同时也是"宣传员""教练员""协调员"。管理者要把重大业务决定的背景原因和自己的思考告诉团队，在目标达成后，要将其对员工、团队、业务的价值和大家讲清楚。员工对这些信息越理解，越能知道该如何做才是最好的。在发现问题时，管理者要对员工进行辅导，帮助员工改进技能、释放潜能，促成员工的成长，并让员工取得更好的业绩。管理者还要为团队争取、协调各种有利于推进目标所需要的资源。除了定期检查，管理者在平时也要了解任务执行中的关键细节。如果从不深入一线，那么对于一些隐藏的问题很难在萌芽时就发现，等到问题爆发，往往已经造成了重大损失。这些管理动作做得如何，不仅对团队最终能拿到什么样的结果至关重要，也对能否打造一个稳健的、持续发力的团队起到关键作用。

对员工进行有效辅导

管理不仅仅是发指令、要结果，员工也不可能都全能全会。因此，在目标执行的过程中对员工进行辅导，纠正偏差、激发干劲，在追求业绩的同时帮助员工不断成长，已成了管理者必须掌握的一项核心技能。

首先需要了解的是，什么是辅导。在管理的场景中，辅导是上级主管通过一对一对话，为下属提高业绩和自我发展提供帮助和指导的过程。辅导的原则是协助员工探索答案而不是直接提供解决方案，侧重于未来如何改进而不是批评过去的错误。辅导的目的是通过激发员工自身潜能实现其由内向外的突破和成长，从而使其能够更好地完成绩效目标。对员工在目标执行过程中的辅导，也是绩效过程管理中的重要一环。

辅导的对象通常包括以下三类。

- 新员工。这里的"新"指的是"人"对"事"的新，比如给团队里的一位老员工分配了一项他从来没干过的工作；或者团队里一项比较成熟的传统工作，让刚来的一位新员工负责。
- 有问题的员工。

• 需要提供正面反馈和认可的员工。

在辅导过程中，一个简单有效且被广泛应用的工具是 GROW 模型。GROW 这个单词的意思是成长，正好和辅导在本质上是一种以发展为导向的管理动作的含义相符。GROW 模型包括以下四个动作。

• 目标共识（Goal）：帮助被辅导者明确自己想要达成的目标。
• 厘清现状（Reality）：澄清事实，挖掘真相，帮助被辅导者看到全貌。
• 方案创造（Options）：探寻备选方案，鼓励辅导者提出尽可能多的可选方案并分析各方案的利弊。辅导者适当地提出建议，但这只是供被辅导者选择的方案之一。
• 行动计划（Will）：阐明行动计划，设立衡量标准，规定分工角色，建立自我责任。主管承诺可以提供的支持。

一次完整的辅导过程包括三个阶段，如图 5-4 所示。

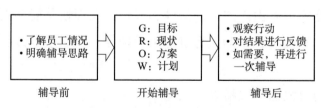

辅导前	开始辅导	辅导后
• 了解员工情况 • 明确辅导思路	G：目标 R：现状 O：方案 W：计划	• 观察行动 • 对结果进行反馈 • 如需要，再进行一次辅导

图 5-4   完整的辅导过程

我们以最常见的三类辅导场景为例，看一下在进行辅导对话的过程中，该如何具体应用 GROW 模型（见表 5-6）。

表 5-6　如何具体应用 GROW 模型

类型	克服障碍	改善问题	加固卓越
场景	当员工遇到障碍时，帮助员工，一起寻找解决问题的方法	员工出现非单一偶发问题，需要改进	使员工保持高效
辅导对象	可能是团队中的任何人	问题员工	绩优员工
开场（G）	回顾员工的工作目的	说明员工的问题，态度要坚定，说明对员工的期望	陈述谈话的目的
澄清（R）	详细阐明遇到的障碍及根本原因	讨论问题产生的原因	倾听员工感受，了解员工工作中的更多细节
讨论与形成共识（O/W）	• 探讨各种可行方案及其利弊 • 对需要采取的明确行动达成共识 • 决定需要的资源	• 指出并记下可能的解决方式 • 决定双方要采取的明确行动	认可员工卓越的表现
结束	• 总结讨论成果 • 表示信心，设定跟踪日期	明确追踪考核的日期	• 总结讨论 • 对员工表示信心

在这三类辅导场景中，对问题员工的辅导因为涉及对该员工能否继续胜任的判断——它是关于员工在团队中能否生存的底线问题，所以这类辅导需要管理者更加关注。在进行这类辅导时，建议管理者把握一些要点（见表 5-7）。

表 5-7　管理者辅导问题员工时需要把握的要点

要	不要
• 指出员工需要改进的地方 • 准确地说出你想要员工有怎样的改进 • 聚焦影响工作结果的行为 • 让员工必须了解，他们得对自己的行为负责 • 对员工所提出的要求，管理者自己先要做到 • 重视并称赞员工改进后取得的成果	• 对问题和要求的阐述模棱两可、含糊不清，让员工感到困惑 • 将重点放在态度上，而不是表现上 • 假设员工了解存在的问题 • 假设员工知道必须做什么以解决问题 • 不做跟踪处理来确保员工已经展开所答应的行动 • 在员工修正管理者的问题后，不给予认同或称赞

如何让团队协同变得更加顺畅高效

企业史学家、战略管理领域的奠基者之一艾尔弗雷德·D. 钱德勒（Alfred D.Chandler，Jr，1918—2007）曾说，"现代企业的根本难题，就是不断专业化分工之后如何协同。"

随着组织的规模越来越大、分工越来越细，协同问题也变得越来越重要。如果不同岗位、不同团队之间协同效率不佳，甚至相互推诿、扯皮的事情常有发生，这会对组织整体的效能产生极大的负面影响。

当分析背后的原因时，经常听到一些耳熟能详的结论，如"本位主义""部门墙""沟通、协同能力不足""缺乏协同文化"等，甚至将其归咎为"某些人态度有问题"。这些方面可能是导致协同出现问题的一些原因，其中有的也未必就是根本原因。但不管如何，在分析问题时，如果发现这个问题是多点常发的，就说明这是一个组织问题而不是个体问题。这个时候如果只是将系统性的组织问题简化成个别员工的问题，虽然看起来是一种"短平快"的解决问题的方式，但实际上是让员工背了组织问题的"锅"。这是一种逃避责任和能力不足的表现，虽然可以降低管理难度、减少投入的精力，但只会让管理的欠账越来越多，并不能真正解决问题。组织问题是一个系统问题，员工只是这个系统中的一个要素，系统问题不能用单点的方法解决，实际上也解决不了。

一个组织的协同效能会受到多个要素影响，而且这些要素之间会相互作用。系统组织理论的创始人切斯特·巴纳德对组织协同专门做了研究，提出了组织协同的三要素理论。

巴纳德认为组织是一个协作系统，通过分工合作，能够让资源的使用效率更高。换言之，之所以一群人要在一起构成一个有边界的、稳定的组织，是因为这群人应用各自的技能，按照一种组织特定的规则进行生产，可以比外部拥有更高的产出效率和更低的成本。反之，如果组织的产出效率不如外部高、成本不如外部低，那组织也就没有存在的价值。尤其是进入互联网、数字化时代以后，各种资源的组合和生产更加广泛且迅速，组织面对的竞争不仅来自竞争对手，甚至很可能来自行业之外。组织的生存和发展，归根结底在于价值创造的效率和成本，而起到决定作用的就是组织的协同效能。

巴纳德认为影响组织协同效能的关键要素有三个：共同目标、协作意愿、信息交流。

1. 共同目标——协作的前提

首先，组织必须有明确的目标。如果组织的目标不明确，组织成员就不知道需要他们做什么和付出多大努力，从而导致协作无从发生。

其次，组织成员要理解和接受目标。倘若组织目标不能被组织的成员所理解和接受，也就无法统一行动和决策。

2. 协作意愿——协作的基础

协作意愿是指组织成员对组织目标做出贡献的意愿。巴纳德认为，这个意愿依个人对组织目标的贡献和组织对个人的回报所进行的横向比较，由此获得满足感的强弱而定。换句话说，利益分配是协作意愿的底层驱动因素。

举个例子，一位员工因为业绩优秀获得了加薪，和去年相比，涨幅显著。这名员工本来挺高兴的，干劲也更大了。但一次偶然的机会，他发现一位和他同级的同事，干的没他多，拿的却不比他少，这使得这名员工的满足感大幅下滑，协作意愿也大大降低。

由此可以看出，让利益分配和员工实际的价值贡献相匹配，且在组织内尽可能做到横向公平，是确保员工有协作意愿的关键所在。

要做到这一点，首先，需要在绩效考核体系上做到评估有标准、考核有依据、过程要公开、横向要拉通、结果有沟通。此外，明确的岗位职责和流程机制，也可以更好地定位员工在整个业务价值链上的贡献，有利于让员工对"贡献和回报的比较"变得更客观。

其次，根据员工的需求不同，对员工采取差异化的激励方式，是激发协作意愿的有效手段。当组织规模较大时，大范围地实施差异化激励机制会大大增加管理的难度，但对关键岗位的少数员工，还是有必要更精准地进行差异化激励的。

3. 信息交流——协作的条件

任何一个系统，要想实现精准配合，必然需要各个部件之间的大量信息交互，这些信息中有指令信号、有同步信号、有反馈信号等。如果缺乏信息交流，协同就变得无法进行；信息交流质量差，也必然导致协同效率低。

让信息交流变得通畅且准确，一方面，可以建立组织内的信息沟通机制，如定期的业务回顾会、定期的一号位和员工代表沟通会等，也包括在团队内群发邮件、共享员工的周报和月度总结这些常规的信息拉通方式，以及共创会、复盘会、培训等特定场景中的信息交流。

另一方面，也可以通过应用信息化管理工具，提升组织内信息交流的效率。比如越来越多的企业开始使用 OKR 作为目标管理工具，组织的所有员工都在 OKR 系统上撰写自己的目标，并定期更新目标的进展。每位员工都可以看到和自己工作有关联的其他员工的 OKR。之前需要见面沟通甚至开会才能获取的信息，现在通过 OKR 系统就可以快速查到，这极大地提高了组织内信息交流的效率。同时，因为 OKR 系统里记录的是每位员工的真实工作情况，这也保证了通过这种方式传递的信息的准确性，避免了信息在传递中衰减甚至扭曲。

协同的过程是一个复杂且不断变化的过程，每位员工都需要根据变化的情况及时调整自己的工作方法，而每位员工对相关情况的感知需要依靠对周围信息的把握。员工对涉及自身工作的关键信息了解得越及时、越准确，越有利于做出最佳判断，采取最适当的协同行动。尤其是，我们身处数字化时代，与资金、技术、人力这些传统要素相比，信息这个要素将变得越来越重要。信息在组织内能否快速流动和被处理，决定了组织能否敏捷协同，从而对外部环境有更强的适应力。

了解了协同三要素后，就可以根据这三大要素对团队进行诊断，找到影响团队协同效率的具体改进点。为了实现这个目的，还需要对这三大要素进一步拆解。表 5-8 是拆解后的结构，管理者可以参考此结构对照检查项反思团队的现状，也可以用这些检查项对团队成员进行调研，从而发现影响团队协同效能的改进点。

表 5-8   拆解后的结构

三大要素	组织管理域	关注点	检查项
共同目标	战略规划	战略透传	• 我能说出未来 3 ～ 5 年企业战略的关键词
	目标制定与拆解	目标共识、上下对齐、左右拉通	• 我理解并认同上级主管的年度目标和关键策略 • 我的年度目标和主管达成了共识 • 我的年度目标和团队成员达成了共识 • 我的年度计划和协同方的年度计划是联动的
协作意愿	考核激励机制	客观公正，关键人才的差异化激励	• 我感觉考核激励机制是客观公正的 • 我了解团队中每一位关键人才的特点，也知道该如何激励他们
	权责与流程	不踩脚、不漏球	• 我所在的团队，工作中很少出现相互踩脚或漏球现象
	项目管理机制	跨部门强协同机制，虚拟团队的考核	• 项目组成员有较高的投入度 • 项目总是能如期交付成果
	组织文化	文化行为要求、价值观行为考核	• 组织文化的表述中有协作方面的要求 • 考核标准里有对协作行为的考核
信息交流	沟通机制	不同人群，不同频率；不同内容，不同方式	• 我不担心因为缺乏信息导致工作出现失误
	信息分享工具	平衡信息安全性和信息透明度	• 我们在公开透明地沟通信息的同时又能保证在信息安全方面做得很好

　　协同是一个结果，这个结果是通过设计组织环境来影响人际互动关系来实现的。团队的一号位是主持这项设计工作的首席设计师，因此，当团队的协同出现问题时，首先需要一号位用组织的视角来审视，用系统思考的方式找到问题的关键卡点，这样才能做到有的放矢，更有效地解决问题。

　　下面是一个通过重构协同机制提升协同效能的案例。

　　某知名房地产中介公司一直采用传统的线下门店扩张的模式拓展业务，在旧的业务模式下，面临许多业务痛点。随着互联网技术的广泛普及，该公司开始思考如何结合互联网技术改造原有的业务模式，从而实现更高质量的业务增长。

　　在传统的房地产中介业务模式中，拓展房源，房源维护，寻找客户，促成交易，经纪人要从头盯到尾。与此对应的分配机制，就是成交后佣金全部归经纪人一人所有，而如果房源被其他经纪人卖出去，该经纪人就一分钱也拿不到。

　　在这种机制下，经纪人之间往往竞争激烈，互相挖房源、抢客户等恶性竞争事件时有发生。

　　房源信息成了经纪人手里的最高机密，消费者难以了解到所有可供选择的房源信息。购房本来是一个低频、高额的消费行为，但因为信息不对称，消费者很有可能买到的并不是最合适的房子。对中介公司而言，经纪人如同一个个业务孤岛，能不恶性竞争就不错了，协同是不可能的。对于经纪人而言，从头盯到尾的工作模式耗费了大量的时间和精力，使其难以在自己最擅长的环节发力，个人的产出效率也很低。

　　为了解决这些痛点，该中介公司对整体业务流程进行了模块化拆解，不同模块对应不同的责、权、利。在构成一次成交的各个价值模块中，经纪人提供了哪个模块的服务，就可获得相应模块的佣金分成。

举个例子，一套房子的成交佣金总共 10000 元。在旧的模式下，这 10000 元全部归负责这套房子的经纪人所有；在新的模式下，经纪人则按照自己提供服务的模块进行佣金分成。

可以用图 5-5 来示意这种新的模式：一次完整的中介服务包含 10 个模块。

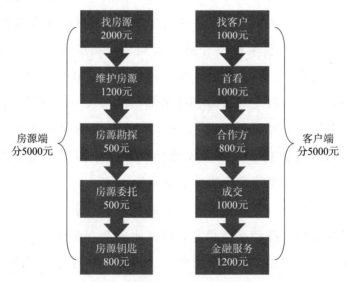

图 5-5　一次完整的中介服务包含 10 个模块

与此同时，该中介公司也开发了一套信息化业务系统，将所有的房源信息和业务流程都线上化、移动化。每个经纪人都要把自己的房源信息发布到这个信息化业务系统，并及时维护。购房人可以通过手机 app 随时随地查询房源信息，

并和经纪人咨询房源情况；预约看房、委托、签约等各个环
节也都可以在手机 app 上完成办理。经纪人之间可以相互支
援，甚至跨门店、跨区域进行协作，服务效率和服务质量得
到明显改善。

在新的协作和分配机制下，所有经纪人不再是竞争关
系，而是合作关系，经纪人的协作意愿明显增强。同时，开
放透明的业务平台也让信息交流更加高效，为协作创造了重
要条件。

这些改变使得组织的整体效能大幅提升，在面临房地
产下行，行业处于寒冬的背景下，该公司的营收逆势增长，
2021 年前三个季度实现整体营收同比增长超过 30%，展现
出强大的韧性。

如何基于卡点问题提升组织能力

企业的成功依赖于好的战略和出色的组织能力。战略容易被抄
袭，组织能力却很难被模仿。在推进业务的过程中，如何不断强化自
身的组织能力，提升竞争力，是企业在激烈竞争的市场环境中赢得领
先地位的关键。

著名管理专家杨国安教授基于自己多年的思考与丰富的管理实
践，提出了著名的"杨三角"理论。该理论认为组织能力有三根支
柱，即员工能力、员工思维和员工治理。通俗地讲，就是组织能力取
决于员工"会不会"（员工是否具备组织能力所需的知识、技能和素
质）、"愿不愿"（员工是否展现出与组织能力相匹配的价值观、行为和
投入度）和"能不能"（公司是否提供有效的管理支持和资源，允许员

工充分发挥所长）这三个条件。

"杨三角"理论虽然并没有告诉我们具体该如何建设组织能力，但它给了我们一个很好的思考框架，可以让我们从这三个方向继续向下探索，分析组织在哪些机制、流程或其他组织要素方面存在短板，从而制约了组织能力的成长和发挥。

业务是动态发展的，组织能力的短板也是动态变化的。如何从战略出发，找出当前的能力短板，进而有针对性地改进，是管理者的一项重点工作。尤其在市场环境快速多变、业务策略快速迭代的背景下，快速提升与战略相匹配的组织能力，是管理者极其重要的一项管理能力。

建设组织能力是为了支撑战略的实现，组织能力建设必然要围绕战略所需的几项关键核心能力展开。每家企业的战略不同，对应的核心组织能力也不同，但从战略实施的实际业务现状出发，找到影响业务推进的关键卡点并进行改进，是一种比较务实且对业务有快速促进作用的做法。

下面介绍的一套方法，是以"杨三角"理论为思考框架，结合具体的业务场景进行实践的一些总结。该实践的背景是阿里巴巴将"打造敏捷组织"定位为组织的核心策略。在这一策略下，"敏捷能力"成为组织能力建设的一个核心方向。

阿里巴巴作为一家主动求变、追求创新的互联网企业，敏捷能力一直是组织关注的重点。从使用"小闭环"团队快速迭代的模式开发淘宝、钉钉等产品，到提出并大力构建"大中台、小前台"的作战架构，包括在大量产研团队持续使用 Scrum 等敏捷方法进行项目管理，这些敏捷化管理模式的应用助力了企业的快速增长。然而，即使在这样的情况下，在过去两三年，阿里巴巴也面临着环境变化带来的巨大压力。在内部环境方面，随着组织规模的壮大，逐渐出现组织僵化、传导延迟的现象，对市场的响应速度和应变能力下降。在外部环境方面，也面临着业务增长逐渐从以增量市场的拓展为主到以存量市场的争夺为主的问题，竞争压力大幅增加。正是在这样的背景下，阿里巴巴从 2021 年开始把"敏捷组织"建设作为组织战略的首要任务，希望在组织上更加有活力，提高人效；在业务上更加贴近用户，快速响应需求变化，提升用户体验。

A 公司是阿里巴巴集团旗下的一家成员企业，虽处于行业第一梯队，但近年来增长放缓。作为一个从事平台型业务的公司，A 公司面临供给侧上游供货不确定性高、消费侧用户消费习惯快速变化带来的挑战。在这种状况下，该公司设定了稳供给、促增长、争突破的战略目标。一方面，强化用户需求的洞察，基于此精准控制供给产品的数量和质量，提高命中率，进而促进用户增长；另一方面，发力创新产品的研发，争取形成新的业务增长点。为实现战略目标，组织需要在整个业务价值链上，从用户感知、产品设计，一直到产品上线、产品运营，形成更加快速高效的业务回路，做到敏捷感知、敏捷开发、敏捷交付。

要打造敏捷能力，首先要对敏捷能力进行解码，找出影响组织敏捷度的核心要素。在大量访谈和研讨的基础上，我们提炼了六个核心的组织要素，它们分别是客户价值、目标共识、业务链路、排兵布阵、角色权责和支持环境。

这六个要素之间内在的逻辑是：敏捷能力要以客户价值为导向，客户价值是否清晰是首先要审视的，接下来要看团队目标和客户价值是否一致、实现客户价值的业务链路是否高效、团队的组织架构和核心能力是否匹配业务策略、角色职责权限是否清晰，以及团队机制是否有利于释放员工能量。这六个要素合在一起构成一个整体，我们称之为"敏捷火车"模型（见图5-6）。敏捷能力建设就是让这辆火车的各个构成部分更加紧密耦合，且每个部分经过检视和优化后更加高效，从而推动整辆火车以更快的速度前进。

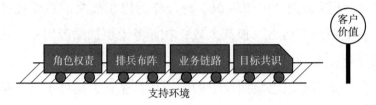

图 5-6　"敏捷火车"模型

基于这六个关键要素可以构成组织的敏捷能力检视表（见表5-9），作为对组织当前状况进行诊断的工具。

表 5-9　组织的敏捷能力检视表

要素	关注点
客户价值	能够深入洞察客户需求，判断要实现的差异化的客户价值
目标共识	组织内对目标和实现路径有共识，尤其关注跨部门的目标横向拉通
业务链路	清晰且尽可能短的业务链路，信息传递和响应及时高效
排兵布阵	有和目标策略相匹配的组织阵型，关键岗位人岗适配
角色权责	责任和权限机制合理，决策效率高
支持环境	简单开放、求真务实的团队氛围，激发组织活力的组织机制

通过内部诊断，并结合行业对标进行综合分析后，A公司面临的卡点问题主要在以下四个方面。

（1）跨部门的目标共识和对齐不足，团队间容易出现各自为战的现象，协同性弱。

（2）业务流程存在相互踩脚或漏球的环节，影响横向的协同效率。

（3）部分创新所需的技术储备不足。

（4）开放、务实的团队风气亟待加强。

明确了优先需要改进的卡点问题后，A公司的敏捷组织建设聚焦在如图 5-7 所示的四个方面：目标对齐、流程提效、员工赋能、文化建设。

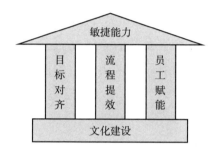

图 5-7　A 公司敏捷组织建设聚焦的四个方面

针对这四个方面，A 公司分别采取的改进措施如下。

1. 目标对齐

以 OKR 为抓手，在设定组织大目标时，以战略为导向设定优先的高价值目标，通过目标共创和向下拆解后的目标通晒，确保整个组织上下目标一致且达成高度共识，进而确保对主攻方向形成高压强，力出一孔，争取突破。在目标的执行过程中，以三个月为一个目标周期进行高频迭代，快速校验业务策略的有效性并及时调整。通过上下左右目标对齐和定期跟进，大大提升了组织整体的动态响应速度和协同效率。

2. 流程提效

从需求分析开始，然后是产品设计、产品制作，一直到交付运营，进行全流程梳理。在流程梳理过程中重点关注如下三个方面。

（1）关键业务流程中的关键节点是否存在界面不清的情况：上下游协同岗位权责模糊，交棒标准不明确，导致关键节点管控缺位，影响流程效率，而且有功时说不清是谁的功，有过时容易扯皮推责。

（2）是否存在可以合并流程或简化流程的地方。

（3）流程中的关键岗位是哪些，关键岗位是否有梯队人才，非关键岗位是否存在人员冗余。如果存在人员冗余，可以通过岗位合并或外包的方式进行优化，提升组织的人才密度和人均效能。

3. 员工赋能

除了在机制上强化目标协同、在流程上进行优化提效，员工能力提升也是非常重要的一环。

核心能力建设聚焦关键岗位和关键人才，规划要点包括以下内容。

- 实现战略的核心能力有哪些，目前存在最大短板的能力是什么？
- 该能力是否必须通过外部人才招聘才能获取？如何获取？
- 该能力是否可以通过在内部进行人才培养来获取？要采取哪些培养策略（如轮岗、兼岗、师徒制、专项提升计划等）？

4. 文化建设

强化敏捷文化也是构建组织敏捷能力的一个重要方面。A 公司经过内部的研讨，在集团整体的"开放、务实"文化基调上，突出自身对敏捷文化导向下的行为要求，并将其与员工考核和员工成长联动。此外，A 公司还强化了组织内部的文化宣导，借助定期举办的总裁见面会、核心管理者例会等场域，积极倡导组织文化，进而为敏捷组织建设打造文化土壤。

经过数月的改进，A 公司的人均效能大幅提升，业务数据明显改善，在行业竞争格局上也实现了企稳回升。

敏捷能力建设不是一次性运动，而是一个持续循环、不断提升的过程。在 A 公司的实践中，可以用如图 5-8 所示的五个步骤来概括一次完整的循环过程。

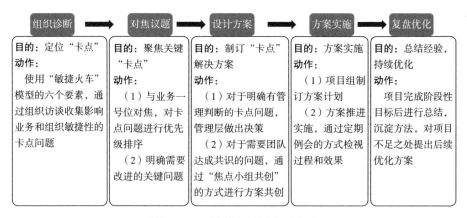

图 5-8　一次完整的循环过程

不同组织的业务场景和核心能力各不相同，作为团队的管理者，应该从业务和组织诊断入手，找准影响战略落地的关键卡点，这是组织能力建设的起点。基于卡点问题，再设定能力建设所要达成的可衡量的组织指标（如人效）或强相关的业务指标。把这两个前提想清楚了，无论采取哪种改进措施就都相对比较容易了。

如何通过复盘和迭代让战略不断"生长"

在企业组织中，无论企业规模大小，都离不开战略。所谓战略，其核心是某种客户价值主张，并由此延伸回答：通过何种商业模式，为哪些客户提供何种差异化的产品或服务。比如奈飞是通过高质量的内容生产和算法推荐，为用户提供定制化的流媒体内容服务；沃尔玛是通过打造全球供应链和精益化零售管理，为用户提供品种齐全且"天天低价"的商品。清晰明确的战略对内可以让组织上下方向明确，并集中资源聚焦在自己的主航道上；对外则可以在合作方和最终用户中建立起自己的品牌心智，进而形成自身的战略优势。即使一个处于初创期的小团队，虽然未必有很清晰的"战略"表述，也未必会通过专门的战略规划流程来制定战略，但是一定会对"做什么产品""服务什么客户""通过什么方式赚钱"这些问题有自己的答案，只要是在思考和回答这些问题，其实就是在进行战略规划。在对这些问题给出答案的基础上开展相关工作，就是在执行战略。

无论企业规模大小，也无论企业所处行业、阶段、地域、文化背景如何，战略在企业组织中都是一种普遍存在。从这个意义来讲，不管是有意识还是无意识，企业无时无刻不处于战略规划、战略执行、战略反馈、战略复盘的循环往复中，这是一个"PDCA"的过程，同时又是一个不断螺旋式上升的过程，我们把这个过程叫作战略循环圈（见图 5-9）。

企业在发展的过程中离不开战略，但在现实中，尤其是近年来，我们发现战略在业务组织中被提及得越来越少，其中一个很重要的原因是在过去几年环境发生了巨大变化。整个社会经济模式的转型、外部的压力、疫情的影响，这些关键要素的叠加导致市场具有高度的不

确定性。一方面，这使得大多数企业对未来 3 ～ 5 年甚至更长期的判
断变得越来越困难；另一方面，当下企业生存压力巨大，能活下来尚
且有巨大的挑战，再谈长期的战略就变成了舍近求远，毕竟"远水解
不了近渴"。

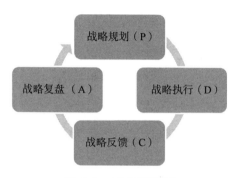

图 5-9　战略循环圈

面向未来，这种高度的不确定性可能会长期存在，那如何在这
种情况下变被动为主动，让战略循环更加敏捷，并构建起一种组织机
制，让战略在循环的过程中通过良性的反馈和调试不断"生长"，从
而能够更加适应外部环境的快速变化，进而实现业务和组织在逆境中
高质量成长，就成为众多企业需要思考的一个重要命题。

相比其他行业，互联网行业从诞生之初就面临着很多不确定性，
无论是电商、电子支付，还是出行、外卖等，这些业务刚出现时就是
一个全新的物种，面临着客户消费行为、市场规则、商业模式等多方
面的模糊与多变，因此，互联网企业如何应对不确定性的做法可以给
我们带来一些启发。

一是缩短战略周期。在过去，企业做战略规划都是"看 10 年，
想 3 年，做 1 年"。也就是从预测未来 10 年的行业发展"终局"出
发，思考接下来 3 ～ 5 年的阶段性目标，并设定下一年的具体策略和

产出结果。但这种方式在高不确定性的环境中很难适用。环境的快速变化要求迭代周期更短、速度更快。企业要不断通过短周期的"小战略"积累经验，修正业务方向，锻炼团队，最终形成有长期竞争力的"大战略"。

在看不清方向的情况下，企业应回归初心，回归使命和愿景，以更短的周期（比如一年）进行战略循环，通过高频迭代，"摸着石头过河"，更加紧密地和用户互动，使战略更贴近用户的需求，从而更及时地响应市场的变化，让战略不断"生长"，最终成为能指引组织长期良性发展的"好战略"。在复杂多变的环境下，好战略往往是打出来的，而不是事前就"看清了、想透了"，规划出来的。

二是做好战略循环的四大关键动作。战略的规划、执行、反馈、复盘是一个相互串联的有机整体，任何一个环节的弱化甚至缺位都很难保证战略的持续成功。在现实中比较常见的是，业务一号位更加重视战略的规划，毕竟"做什么，怎么做，谁来做，做到什么样"这些是业务的根本问题，其重要性不言而喻，一号位和核心管理团队必须对此做出审慎的判断和决策。在执行环节，在执行力文化几乎成了每个组织核心文化之一的今天，执行得怎么样往往也是管理者日常关注的重点。在反馈环节，包括两部分信息：一是实际的业务结果；二是客户对产品和服务的真实反馈。该环节涉及业绩的评估，因此团队对其重视程度往往也比较高。相对最容易忽视的是最后的复盘环节，这个环节是在一个战略周期（如一年）结束后，对战略的整体执行情况进行回顾和反思，并对战略做出新的评估，其产出将作为下一个战略周期（新的一年）制定规划的重要输入。对这个环节的重视和投入不足，会让团队失去系统反思和修正的机会，做对了不知道为何对，做错了不知道错在哪儿，这会让组织对于业务的持续改进和战略的校准优化缺少进化能力，也难以实现让战略在实践中迭代"生长"的目的。

如何让战略循环圈的四大关键动作都发挥其作用，尤其是加强容易被忽视的"战略复盘"，从而让战略循环圈成为一个"增强回路"系统，形成"飞轮效应"，是战略管理和组织发展中值得被高度重视的一件事。

阿里巴巴内部有大量的业务条线，其业务类型也各异，既有 ToC 业务（如淘宝、支付宝），也有 ToB 业务（如阿里云、阿里妈妈）。各业务所处的阶段也各不相同，有传统的成熟业务（如电商），有新兴的创新业务（如夸克），还有正在寻找第二曲线的业务（如高德、优酷）。虽然业务不同，但在长期的经营实践中摸索沉淀出以战略循环圈为基础的一套实操方法，成为指导各业务进行战略闭环管理的框架性方法论。其中，"战略复盘"环节是每到年底或年初各业务条线一号位必定要开展的一项活动。在安排上，战略复盘会和战略规划会有可能放在一起进行，一号位带领核心管理团队用封闭讨论会的方式完成；也有可能单独召开，先进行战略复盘会，中间隔一段时间再举行战略规划会。不管采取哪种安排，在"战略复盘"这个环节，采取的原则、操作的重点基本是相同的。

战略复盘的目的和原则

战略复盘与其他如一段时期内的业务表现、一个项目、一项任务等的复盘最大的不同在于，战略复盘的着眼点是战略，即战略推进的进度和执行质量、战略的外部适应性、战略所处阶段的变化以及战略的支撑系统。战略复盘的主要目的在于：

（1）回顾支撑战略目标的"必赢战役"的执行结果。分析成败的关键因素，做得好的方面加以发扬，做得不好的方面加以改进。

（2）结合环境变化情况，检视战略的适应性。环境要素既包括外部环境，也包括组织内部环境。具体可以从行业环境的变化、竞争对手的策略变化、客户的声音、自身优劣势的变化这些维度进行检视，分析战略与用户的需求是否出现偏差，在行业中的竞争优势是否得到巩固，进而思考是否需要对战略进行迭代。

（3）识别当前战略所处的阶段。它是处于从 0 到 1 的发展阶段，还是已经进入从 1 到 N 的扩张阶段。从发展阶段进入扩张阶段的一个重要标志是，提供的独特价值被客户认可，且能够形成持续盈利的业务闭环。在互联网行业中，一项业务往往在早期会通过补贴和低价的方式培育市场，当取消补贴时，如果客户仍然留存，说明客户是为"所提供的独特价值"而继续使用这个产品和服务。这时候如果业务能够进入一种正向盈利自运转的状态，就意味着业务价值得到了市场认可，业务模式已经跑通，下一步就可以考虑扩大资源、快速复制业务模式，尽快占领市场。

（4）对组织和文化进行回顾与反思。比如，组织的结构设计和激励机制是否有效支撑战略执行，组织文化行为是否得到大家的认同和践行，组织温度是否有利于激发团队士气。思考未来需要保持什么，调整什么，新增什么。

（5）通过复盘让大家跳出自身视角的局限。不仅看到全局，也看到彼此的思考差异，这有利于促进彼此的理解和认同，有利于团队形成内心的底层连接，进而加强团队的凝聚力和众志成城的集体氛围。

复盘是一个自我诊断、自我反思的过程，在我经历的大大小小数十次的复盘中，常会遇到表功式复盘、流水账式复盘，这样的复盘是走形式、走过场，花了时间和精力却得不到期望的效果，这样的复盘大家做了两次往往就不愿意再参加了。为了真正把复盘做好，参与复盘的人，尤其是一号位和核心管理团队，要理解复盘需要秉持的精神和原则，并且在整个过程中身体力行。只有在一个开放的、有安全感的场域中，才能真正进行深度的反思和高质量的建设性对话。

参与复盘的人，首先要对复盘"不是什么、而是什么"有共识，如表 5-10 所示。

表 5-10　对复盘的共识

不是	而是
• 追究责任，开批判会	• 重在实事求是
• 自己骗自己，证明自己对	• 重在改进和提高
• 强调客观，归因于外	• 重在反思和自我剖析
• 走过场，简单下结论	• 重在找到本质和规律

复盘需要遵循如下原则。

• 开放坦诚。真诚地表达，同时也尊重不同的声音。
• 求真务实。敢于抛出"真问题"，尽最大努力寻找根因和最优解。
• 系统思考。避免"屁股决定脑袋"，要以全局视角看问题，跳出画框看画。

战略复盘所需要的准备工作

提前进行设计和准备对战略复盘的成功至关重要。一方面，需要明确复盘的目的，据此设定要聚焦讨论的核心议题；另一方面，需要留出足够的时间，对需要在复盘时呈现的信息进行收集和分析。避免仅在复盘前两三天只向参会者提供一个模板，要求大家按此准备，这样会导致参会者信息准备和深入思考不足，在现场很难有高质量的反馈和对话，也不太可能产出期望的结果。

1. 战略复盘的设计

战略复盘的组织者需要提前和业务一号位讨论并明确如下信息。

- 复盘的目的是什么？具体的目标有哪些？
- 复盘要聚焦的核心议题是什么？
- 需要哪些关键人物参与？
- 复盘需要输入哪些关键信息？
- 复盘的时间、地点、流程是什么？
- 关键信息收集和分析。

2. 战略复盘需要重点关注的内容

战略复盘是一个群体共同看见的过程，既要看内部，又要看外部。看内部是检视战略执行得怎么样，看外部是了解战略执行的环境发生了什么变化。内外结合，对战略本身做出新的认识和判断，进而为业务和组织进行相应调整形成基础共识。

这些内外部信息需要提前进行整理和分析，包括以下相关内容。

- 行业环境的变化。行业政策、消费趋势、行业的供应链格局、技术等要素对行业影响巨大，这些要素相较以往都发生了较大的变化，要着重关注。行业普遍的发展趋势，如内需驱动、创新驱动、数字化转型，也要注意。此外，在企业所处的细分市场中，出现了哪些新的趋势？这些趋势对未来的行业发展会造成哪些影响？

这些关键的行业变化信息对企业未来的发展至关重要，也是在做战略复盘时需要重点关注的内容。

- 竞争对手的变化。重点关注主要竞争对手的竞争策略是否有变化，其业务本质（靠什么挣钱）是否有变化，以及竞争对手有哪些值得我们借鉴之处。

- 客户的声音。实际的客户群体和战略的目标客户群体是否出现偏差？客户对产品和服务的真实体验如何？与竞争对手相比，客户认为我们做得好的地方是什么，不好的地方是什么？一些关键的客户指标（如客户满意度、复购率、净推荐值等）如何？

- 战略执行的业务结果。在支撑战略目标的必赢战役中，哪些结果低于预期，造成这种结果的根本原因是什么？哪些结果达到甚至好于预期，关键的成功因素是什么？有哪些核心竞争力得到了增强，有哪些核心能力和竞争对手拉大了差距？

- 一线员工的声音。一线员工是离"炮火"最近的人，他们对客户和市场有最直接的感知，他们对业务的看法对战略决策有很大的参考价值。另外，可以了解一线员工实际工作中有哪些阻碍战略执行的问题，对于突出的卡点问题也可以在复盘时进行讨论和优化。

战略复盘的实施与后续行动

1. 实施环节的要点

- 开场：清楚阐述复盘的背景和目的，宣布会议的议程，强调会议的规则，营造开放坦诚的氛围，鼓励大家跳出个人视角从全局思考、权衡、判断问题。

- 内容输入：将会前收集的信息分享给参会者，拉齐大家的认知。
- 讨论：结合输入内容和复盘的关键议题穿插进行讨论，对现场的提问和反馈进行引导，深入讨论解决方案及行动计划。过程中可以安排人员对讨论的关键过程和决策进行记录。
- 结论：形成初步的行动计划，对整个复盘进行总结。

2. 沉淀与行动

复盘形成的沉淀是团队集体智慧的凝结。成败经验和相关结论可以同步给组织内的相关人员。另外，复盘形成的行动计划也需要落实到对应负责人的工作计划中，并在后续跟进和落实。

复盘能否成功，业务决策者的参与程度是最重要的因素。因此，事先和决策者进行充分对焦，确保复盘的目的和产出、核心议题符合一号位的战略意图就显得尤为重要。同时在准备复盘的过程中，与参会的关键人群（如决策者的核心下属，财务、法务、人力资源的一号位）进行沟通，收集大家对复盘的期待和建议，获取相关当事人的支持，也是确保复盘取得成功的重要保障。在参加人数和地点方面，人数尽量控制在一定范围内，确保每个人都有比较充分的发言机会；场地最好不要选择在办公楼内，避免在会议过程中参会人员被其他事务打扰。

在 VUCA 环境下，企业在相对较长的时期建立稳定的长期战略将变得越来越困难，用更加敏捷的方法，让战略从规划到执行成为一个动态优化的过程，有利于企业在面对急流险滩时能够更加灵活地调整航向。在这个过程中，战略复盘是把握时势、评估战机的关键一环，通过战略复盘让作战方向和策略随着环境的变化而灵活调整，让战略在不断校验和迭代的循环中持续生长，是战略复盘的意义所在。

组织进化

动态目标管理与数字化赋能的探索实践

用 OKR 升级目标管理体系

如果要评选组织管理领域在过去两三年中最热门的话题，OKR可能是名列前茅的一个。OKR 在国内的应用，最早可以追溯到 2010年左右，有少数互联网和科技类企业开始尝试使用 OKR。近年来，OKR 的应用出现爆发式的增长，已经逐渐延伸到各个行业，不仅是"大厂"在使用，越来越多的中小企业也开始引入 OKR，其背后的原因仍然离不开环境的快速变化。

这些变化使得之前相对"静态"的、按照年度来制定目标和计划的方式已经不再适用，整个组织需要以更加敏捷的方式来根据市场变化快速调整自己的策略和行动。同时，"90后"员工逐渐成为职场主力，他们的自主性更强，指令式分配任务的管理方式越来越不受欢迎。

但是，任何一个新事物在组织内的生长，都会面临"看起来很美丽，用起来很费劲"的困局。应用OKR，表面上看是一种管理方式的变化，实际上在底层更需要领导风格、组织文化的变革。如果只是在"形"上下功夫，上一套系统，写一份OKR，定期开OKR例会，但没有同时下决心下功夫来塑造开放透明的组织文化和教练型领导力行为，OKR就很难成功。这也是应用OKR的组织多，成功的却很少的主要原因。

什么类型的组织适合使用OKR

使用一种新的管理方法，必然需要投入大量的变革成本，提前想清楚为什么要用OKR至关重要。作为一个组织的管理者，如果发现组织中存在下面的现象且比较严重，就可以思考是否引入OKR了。

- 内外环境快速变化，计划赶不上变化。
- 目标远大，路径模糊。
- 部门各管一段，各自为战，协同难度大。
- 大家对KPI的重视大于对客户价值的重视，时不时出现为了完成指标损害客户价值的事情。
- 员工不清楚组织的大目标，不知道自己的工作和组织大目标之间有什么关系。
- 员工只是技能包，没有机会参与团队目标的讨论，不能自主设定个人目标。

　　出现这些现象，表明组织在目标的敏捷管理、目标的解码、目标的拉通、客户价值导向的绩效管理、信息透明化、调动员工积极性这些方面出现了问题，而这些问题会对战略目标的达成造成严重影响。这些都是 OKR 针对的典型问题，这些问题出现得越多，程度越严重，OKR 潜在可以发挥的价值就越大。

　　据《OKR 实践研究》2020 年调研报告的统计，在众多应用 OKR 的企业中，"导入 OKR 的初衷"排前三位的分别是：强化战略落地 / 执行、改善部门协作和促进变革 / 创新（见图 6-1）。

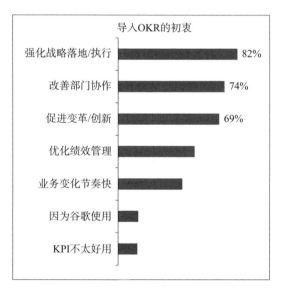

图 6-1　《OKR 实践研究》2020 年调研报告

　　正是因为 OKR 具有敏捷迭代、目标对齐、价值导向、激发主动创新这些特点，表 6-1 中的这五类组织应用 OKR 往往具有更好的适用性。

表 6-1　五类组织的特点及应用 OKR 的重点

序号	组织类型	组织特点	应用 OKR 的重点
1	初创企业	从战略到打法都处于探索期	快速尝试，高频迭代
2	所处行业市场环境变化快	根据市场变化敏捷反应	随需应变，快速调整
3	创意需求高、业务灵活	创意、研发类员工多	给予空间、自主自驱
4	层级复杂、跨部门协调成本高	横向职能多，纵向深度大	公开透明、目标对齐
5	面临转型突破的组织	寻找第二曲线突破增长机会	鼓励挑战、打破界限

应用 OKR 的关键成功因素

在引入 OKR 的过程中，有五项因素对 OKR 成功与否至关重要。

1. 一号位对 OKR 理念的认同度和投入度

组织的一号位是推动任何一项组织变革的发动机。一号位要把握应用 OKR 要解决的痛点问题，并设定期望达成的目标。这两点越清晰，管理决策越坚决。为了让"飞轮"能够快速旋转，在初始阶段需要更大的推力，一旦飞轮产生了惯性动力，在不需要太多外力的情况下也会保持高速转动。因此在初始阶段，一号位需要投入更多的精力推动 OKR 的落地，并在过程中判断和校准 OKR 是沿着符合组织自身的实际需求定制的。具体的行为包括但不限于：向全员表明态度，发起号召；以身作则，制定自己的 OKR 并向全员透传；用 OKR 的结构和语言定期检查目标进展。

2. 思维的转变决定真正投入的程度

一套管理体系的落地生根，各级管理者都是中坚力量，比掌握

OKR 具体操作方法更重要的是管理思维的转变。只有管理者形成统一的 OKR 思维，才能真正在组织内形成共同的语境。可以通过内外部专家组成推进小组，以逐级开展工作坊的方式，让大家理解 OKR 的使用方法及其背后的核心理念。在初始阶段，可以通过 3 ～ 6 个月的辅导期，借助内外部 OKR 教练的帮助，在实际的 OKR 共创、复盘等关键场景中提供辅导和反馈，强化组织成员尤其是管理者的思维转变和习惯养成。

3. 先试点再推广

一方面通过试点积累经验，借此优化在更大范围落地时的方案。另一方面，试点团队取得的阶段性成果会大大增强全员的信心，能够为进一步推广 OKR 建立更大的内部共识。在实际案例中，还有一个做法很有效，就是让试点团队一号位向平行部门现身说法，介绍自己在使用 OKR 过程中的得失和体会。因为是试点，一号位不会有太多压力，正反得失会讲得很真实。这种发生在身边的真实案例，会在内部起到非常好的示范和推动作用。选择试点团队时，可以重点考虑三个要素：①该团队的"痛点"比较突出；②该团队一号位较开放，有主动求变意识；③该团队在业务价值链上较重要。

4. 有机制才能保障落地

建立定期对 OKR 共创、对焦、复盘的固定机制，确保整个组织在 OKR 管理的节奏上步调一致。尤其要关注头部人群（如总裁及其直接下属）的这些关键场域，通过让头部人群掌握相关能力，进而带动整个组织应用 OKR 水平的提升。

5. 通过工具提升落地效率

OKR 的一个核心理念就是信息透明，通过透明加速信息在组织内的传递效率，进而提升组织的协同效率。目前有很多第三方 SaaS 服务可以帮助企业快速搭建 OKR 信息系统，对于信息安全性要求高的企业，也可以采用自研的方式开发自己的 OKR 信息系统。通过 OKR 信息系统可以让组织内的每位成员明确自己在业务大图中的作用和价值，快速获取上下左右的目标和任务进展情况，及时推进或调整自己的相关工作。

以上五点是 OKR 成功落地的关键因素，通常情况下，其重要性由前往后递减。当然，不同的组织情况也各不相同，如有的组织不缺一号位的支持和投入，其他几个方面问题也不大，最缺的可能是一个安全易用的系统平台，那 OKR 系统就成为这个组织最重要的一项成功要素了。

应用 OKR 常见的 "坑点"

1. 没想清楚为什么用 OKR

通过 OKR 要解决什么问题？这个问题为什么非要现在解决？为什么非要用 OKR 来解决？用什么来定义 OKR 落地成功了？这些问题没想清楚就盲目上马，失败几乎是必然的。

2. 把 OKR 用成了 KPI

虽然 OKR 和 KPI 都源于德鲁克的目标管理（Management by Objective，MBO），但 OKR 重点应用于过程管理，KPI 重点应用于绩效考核。OKR 本质上是一个业务工具，不是一个 HR 工具。很多组织困惑的一点是：既然目标设定和过程管理都使用了 OKR，那绩效考核是否也可以直接用 OKR。这个问题没有标准答案，业界也有各种不同的实践，如 OKR 和 KPI 并行的做法（用 OKR 做过程管理，用 KPI 做绩效考核），用 KPI 并参考 OKR 进行考核（最终 KPI 完成情况占大比例权重，OKR 过程中的阶段性工作成绩占小比例权重），以 OKR 整体达成的价值贡献（上级主管评价）并结合协同方环评（作为主管评价的参考）的方式进行考核。不管用哪种方式，都不建议直接把 OKR 作为一个考核工具来使用，因为一旦作为考核工具，员工会排斥设定高挑战目标，且更加关注数字指标的实现，而不是体现客户价值的大目标。这与 OKR 的基本理念都是相悖的。

通过表 6-2 可以对 KPI 和 OKR 做一个简单的对比。

表 6-2　KPI 与 OKR 对比

	KPI	OKR
理念	管控型的管理理念	激发型的管理理念
用途	绩效考核工具	过程管理工具
前提	确定性高，职责分工明确	不确定性高，边界模糊
导向	结果本身	价值产出
灵活性	周期长，少改变	周期短，可以根据实际情况调整

3. 制定完 OKR 就算交作业了，没有跟进机制

OKR 是过程管理工具，完成 OKR 设定只是第一步，持续地对焦和对话，根据变化动态对策略甚至目标进行调整才是关键，而这需要一套明确且比较刚性的机制来保障。

4. 急于求成

一套思维模型、话语体系、行为习惯的建立不可能一蹴而就。期

望短期就成功的"生豆芽思维"往往适得其反。只有把每一步都做扎实，坚定信念，用日拱一卒的精神持之以恒，才能把 OKR 真正建立为组织的一项核心能力。

5. 缺少匹配的组织文化和领导力行为

着力打造开放、透明、低权力距离的组织文化和教练型领导力，为 OKR 培育底层土壤，才能最终发挥出 OKR 的真正价值。

一个大型互联网业务团队的 OKR 实践案例

Y 公司是一家多元化互联网集团企业中的一员，员工规模数千人，虽然在所处行业中位于第一梯队，但业务进展比较缓慢，在竞争格局上面临着"前有堵截后有追兵"的局面。如何能够为用户提供更优质的产品和服务体验，进而保留和吸引更多用户，在此基础上，如何通过创新为用户提供差异化的价值，成为该业务能否取得突破的关键。

团队当时存在的主要问题包括：

（1）在 KPI 考核机制下，团队更愿意投入在短期能拿量化结果的事情上，不愿意做存在一定风险、短期产出低，但中长期客户价值高且能形成竞争壁垒的事情。结果是能保持现在的行业地位就不错了，不太可能实现大的业务突破。

（2）团队之间站位不同，各自关注自己的 KPI，协同效率低。

（3）市场变化快，需要更加敏捷地对业务策略进行迭代。

该业务一直使用 KPI 作为绩效管理工具，经过和业务一号位的深入沟通，达成了通过 OKR 进行改进的共识，并成立了 OKR 项目小组，设定如下期望通过应用 OKR 达成的三个目标。

（1）从 KPI 导向到目标与数字并重，短期与长期兼顾，强化客户第一。

（2）加强团队间的拉通，提升组织效能。

（3）形成定期对焦机制，对目标实现的有效性进行检验并调整策略，快速迭代。

彼时在整个集团内部只有两三个几十人规模的闭环业务小团队刚刚开始尝试应用 OKR，而在 Y 公司这样拥有数千人的多职能线组成的大业务组织中，还没有 OKR 实践的先例。

因为正好临近半年业务规划会，就借这次会议给一号位的所有 D（直接下属）和核心 DD（直接下属的下属）进行了 OKR 方法论的培训，在随后的规划工作坊中，一号位阐述了自己会前写好的 OKR 并和大家一起进行讨论。此后，一号位的 D 和其核心团队成员一起讨论并撰写各自部门的 OKR。每个 D 代表各部门分享自己的 OKR，相互之间通过建议和质询的方式进行反馈后，大家再根据他人的反馈对自己的 OKR 进行优化。整个规划会持续了 3 天，通过这次会议一号位发出了强有力的信号：不仅讲解了为什么要使用 OKR，也明确了把 OKR 作为后续团队进行目标和过程管理的必用工具。同时，一号位也身体力行，通过撰写自己的 OKR、使用 OKR 的结构讨论各部门的规划等行为，起到了非常好的表率和推动作用。这次业务规划会也成为一次 OKR 的启动会，不仅拉齐了核心管理者对 OKR 的认知，也结合实际工作进行了撰写 OKR 的操练，这些环节进一步强化了管理团队的决心和信心，对于后续推进 OKR 落地作用巨大。

在应用 OKR 的第一阶段，为了避免新方法可能造成的失误，同时能够在管理上更加聚焦，在落地节奏上选择了先局部再整体的方式。在横向上，从十几个部门中选择了 7 个重点部门作为第一批种子团队，这 7 个部门作为 OKR 的重点应用部门，其他部门可以先跟随，不强制要求。在纵向上，一号位的 D 和 DD 必须使用 OKR，其他一线管理者和员工倡导使用，不强制要求。

整个组织把 3 个月定为一个目标周期，期初的重点是通过共创和通晒设定各级 OKR，执行阶段通过一号位月度 OKR 例会、部门内双周 OKR 例会的方式跟进执行过程，期末通过 OKR 复盘进行总结和优化。

经过两个目标周期（6 个月）的运行，共有四十多个下属二级团队使用了 OKR，OKR 系统内的目标数超过 3000 个，关键结果数接近 10000 个。通过 OKR 系统的"红黄绿"机制，能够用业务仪表盘的方式在月度例会上非常清晰地看到哪些目标进展顺利，哪些出了问题，进而大大提升了决策效率和解决问题的速度。

随着 OKR 的应用逐渐成为组织习惯，也出现了几个明显的变化：首先，逐渐形成了共同的话语体系。此前大家谈及目标，说的都是 KPI。如今，大家一说目标，都知道是某件对客户价值有帮助的事情。其次，团队的协同效率提升。在 OKR 设定阶段，通过通晒会彼此拉通、统一共识，并落笔到各自的 OKR 中。在 OKR 执行阶段，通过上级主管的月度会定期检视协同方之间的进展情况。这些机制的建立促进了跨部门的协作。最后，各级员工对组织的大目标和关键策略有了更加清楚的认知，大家的业务动作会自动向组织的大方向靠拢，团队整体的目标感和凝聚力也大大加强。

OKR 从英特尔诞生，至今已有将近 40 年的历史，已经形成了一套较为标准化的方法论体系，但是在实际应用中我们还是要坚持"为我所用"，而不是"拿来就用"。在应用 OKR 时，明确自身为何使用 OKR，据此可以在使用过程中着重强化 OKR 对应的用法。如组织内的突出问题是跨部门的目标耦合度低，容易产生部门墙，就可以着重强化对上层大目标的拆解，让横向部门间的目标左右对齐，同时用共创的方式强化共识，进而形成共同承诺和共同行动。只有形成适合自身特点的 OKR 落地方法，能解决自身的问题，才是最有生命力的。

随着商业环境从 VUCA 时代到 BANI 时代的不断演化，组织的敏捷性将变得越来越重要，作为一种适用于敏捷型组织的目标管理方法，OKR 在未来必将获得更广泛的应用。

数字化赋能让学习在该发生的地方自然发生

随着数字经济的到来，数字化转型已成大多数企业的共识。全球知名调研机构 IDC 此前曾对 2000 位跨国企业 CEO 做过一项调查，结果显示"全球 1000 强企业中的 67%、中国 1000 强企业中的 76% 都将把数字化转型作为企业的战略核心"。中国信息通信研究院相关报告显示，2021 年我国数字经济规模达到 45.5 万亿元，占 GDP 比重达到 39.8%。党的二十大报告也提出，"加快发展数字经济，促进数字经济和实体经济深度融合，打造具有国际竞争力的数字产业集群"。数字化转型已经不是一道选择题，而是一道必答题。

数字化转型从 20 世纪 90 年代初期开始进入萌芽期，经历近 30 年的发展，目前已进入高速发展期。尤其是随着大数据、云计算、人工智能、物联网、区块链、VR/AR 等数字化技术的快速发展，应用数字化技术重构业务模式，让企业的产品和服务更加以用户为中心，在提高敏捷度和业务效率的同时也实现降本增效，为用户创造更好的体验，从而增强企业的竞争优势，打造企业的"新动能""新优势"，正成为企业未来的生存之道。

麦肯锡认为，"数字化转型是一项需要组织全面动员的系统工程，是业务、组织和技术三大领域齐头并进驱动的转型之旅"。任何转型都首先是组织转型，而组织转型的关键是思维和意识的转型。数字化转型更多的不是技术问题，而是组织问题。数字化战略作为组织面向未来的核心战略，必然要求组织的各个职能部门都围绕这一战略思考并探索本职能的数字化转型路径，进而打造组织综合的数字化能力。而在可预见的未来，组织的数字化能力也必然成为组织竞争的核心能力。

业务赋能是组织能力建设的重要一环，企业的组织或人才发展负责人必然需要思考的是：如何结合数字化思维，基于企业自身的业务特点构建新的数字化赋能体系，让赋能变得更加聚焦业务战略达成，更加和员工的工作实际需要合拍，更加灵活敏捷且具有高投入产出比。将数字化赋能体系打造成企业的一项核心能力，并成为企业数字化能力的重要组成部分。

以下是结合在某头部房地产企业的实践，对数字化业务赋能体系进行的一些总结和思考。

W集团是全球最大的不动产开发商和运营商，2010年后，企业进入高速发展阶段，商业地产型项目在全国遍地开花，带动了国内商业综合体和文旅地产的快速发展。业务的快速发展对人才供应链也提出了更高的要求。因此，"高效的人才建设能力"成为支撑业务战略的一项核心能力。除招聘端快速引入新人以外，让新人快速适应组织环境、快速熟悉业务并高效开展工作，同时让存量人才能力快速提升、快速成长并承担更大责任，成为企业人才战略的关键。在这个背景下，"企业大学非办不可"成为集团董事长发起的一项战略性举措。

用数字化赋能解决什么问题

企业在不同的发展阶段，面临的核心问题也不同，在 W 集团处于业务快速成长的时期，组织面临以下关键挑战。

（1）人才有缺口。如何从"项目等人"变成"人等项目"，解决人才供给的前置储备。

（2）能力有短板。从单一业务向多元化业务转型，如何让组织的业务能力也多元化，尤其是关键岗位的关键人才，能够具备拓展新赛道的业务能力。

（3）文化有摩擦。新加入的大量新人，尤其是运营类、文化创意类、技术研发类人才，如何与房地产业务原生的强执行力文化更好地融合和共鸣，形成在组织文化底层的紧密连接。

经过 3～4 年的建设，虽然已经逐步建立起了覆盖全集团 13 条核心专业线、新员工、新经理、后备人才梯队的线上线下培训体系，但是传统的培训模式仍然存在如下弊端。

（1）学习内容以通用型能力素质为基础，由知到行转化困难。道理谁都懂，别人的案例也很精彩，但是不能解决"我"的问题。

（2）线上培训只能解决确定性知识的传递，而工作中有大量不确定性的问题，需要通过线下培训或研讨的方式解决。而线下的方式成本高、覆盖面小、时效性差，且会造成工学矛盾。

（3）缺乏机制和工具，不能把"民间"的经验和智慧激发出来，无法形成"我为人人，人人为我"的组织内部赋能生态。

面对这些问题，我们当时思考的是，除应知应会部分的培训赋能以外，能否把"学习"真正变成解决实际工作问题的工具，从而实现"有问题，找学院"，让"学院永不下课"。

数字化赋能体系的理念和模型

解决问题是刚需，但如何才能帮助员工更好地解决工作中遇到的实际问题呢？传统的培训模式往往用于解决共性问题，而共性问题往往都是在问题出现且造成大量踩坑之后才总结出来的。如何解决员工的个性化问题，甚至在个性化问题出现之前就进行预警和干预？

个性化问题意味着不同的岗位碰到的问题不同，不同的场景遇到的问题也不同，甚至员工遇到的某个问题是全新的，组织内也缺少成功的经验可以复制。要解决个性化问题，就要做到当员工遇到难题时，不仅可以找到解题方法，而且解题方法必须及时且有效，从而避免个性化问题造成的损失。这样的目的，依靠传统的培训模式显然是难以实现的。

基于以上思考，我们希望能够结合数字化技术，打造"个性化、及时、有效"的赋能体系，进而实现以问题为导向，随时随地答疑解惑的赋能模式，使"学习"真正融入工作场景，在需要发生的地方自然发生，成为日常工作的有机组成部分。

1. 员工遇到难题时可能存在哪些情况

我们可以用如图 6-2 所示的二维矩阵来对员工遇到问题的情况进行分类。

图 6-2 的四种情况中，比较常见的是象限④的情况。但有时候由于当事人疏忽，也可能出现象限②的情况。最差的是象限③的情况，就是对面临的问题没有觉察，当问题造成不利局面时也没有解题方法。这三种情况都是数字化赋能体系要解决的。

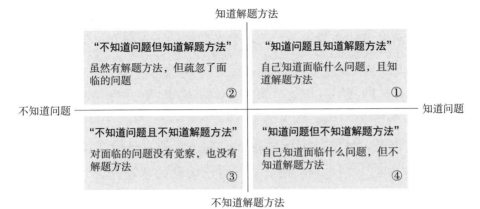

图 6-2　员工遇到问题情况分类的二维矩阵

2. 不同类型的情况用什么方式解决问题

针对象限④的情况，员工可以通过以下三种方式寻求解答。

方式一：问电脑。 在内网学习平台的案例库系统中，通过问题的关键词检索解题方法。

学院作为集团级的人才培养和发展中心，面向的对象主要是各级干部（经理级以上），这个群体的规模大约为 10 000 人。每位干部自己的年度学习计划中都包含一项固定内容，就是把过去一年中自己最值得分享的、最能代表自己工作水平的一个案例，按照学院提供的案例模板进行总结和沉淀。通过这种方式，学院积累了不同专业岗位、不同业务场景的大量典型案例。同时，学院也通过组织各业态案例大赛的方式，收集了从组织层面评估的，对当前业务或组织有普遍性和重要性的典型案例。另外，结合项目定期复盘工作，也会沉淀出许多业务案例。通过上述方式，学院的案例库形成了滚动增长。这些案例都会上传到学习平台，同时，这些案例按照"业务单元、岗位、业务场景、问题描述"等特征项的关键词进行标签化，员工可以按照单独关键词或组合关键词的方式快速进行案例检索，找到和自己的问题相近案例的解题方法作为参考。案例会按照被阅览次数和点赞次数进行统计和评分，优秀案例的贡献者会得到奖励。

方式二：问同学。在学习平台（PC 端或手机 app 端）向自己的同学求助。

在系统里，每位员工会自动被编入一个和自己同岗位的"同学群"，如果通过"问电脑"没有找到自己满意的解题方法，员工可以在同学群里张榜提问。提问需要使用自己积攒的平台积分，如果有同学的解答让自己比较满意，可以做出"揭榜成功"的动作，这个问题对应的积分就会给到揭榜成功的同学。

这个机制背后的假设是，今天你碰到的问题，可能之前其他同岗位的同事也碰到过并且成功解决了。知者为师，同岗位员工之间的相互学习（Peer-learning）往往是最直接、最有效的赋能方式。

如何让大家能够自愿地分享自己的"妙招"呢？这个机制隐含的是"我为人人，人人为我"的管理导向。如果你平时没有帮助过别人，在你遇到困难的时候，也就没有机会让别人帮助你（帮助别人解答问题会收获积分，自己抛出问题需要消耗积分）。同时，对于积分排名高的员工，也会通过"明星榜"、购书卡等方式进行精神和物质激励。

方式三：问专家。在学习平台向本专业的"大咖"求助。

学院和各业务板块合作，筛选各专业条线的内部专家，构建内部"专家库"。在系统中按照专业条线对专家进行分类，就像医院有不同的科室，每个科室有不同的主治大夫。如果员工遇到的是"疑难杂症"，通过前两种方式还不能解决问题，员工就可以跨部门，甚至跨业务单位向专家"问诊"。系统会将问诊信息推送给对应的专家，为了方便专家解答，专家也可以用语音或视频的方式留言回复。每位专家每年需要解答至少 5 个问题。用户提问和专家解答也没有相应的积分和激励机制。

　　这三种方式组合在一起，我们称之为"有求必应"。通过这些方式，一方面能够帮助员工"临时抱佛脚"，解决自己当前工作中遇到的个性化问题；另一方面也在潜移默化中引导员工形成"我为人人是因、人人为我是果"的意识和行为习惯，进而促进组织内部分享文化和赋能生态的形成。

　　针对象限②和③这两种情况，需要首先对当事人可能遇到的风险问题进行前置预警，尤其是关键岗位的关键人员。如果对风险问题没有觉察，或者应对失策，就会给业务造成较大的损失。我们把对此的解决方法称为"指点迷津"。

　　"指点迷津"模型（见图 6-3）的三个要素是关键岗位、关键节点、关键坑点（易出现的重大问题）。

图 6-3　"指点迷津"模型

　　以地产项目总为例。一个项目从启动到开业，最关键的几个节点包括：拿地、规划、拆迁、预售、封顶、招商、开业。这其中任何一个节点出现问题甚至延期，都会给后续节点带来巨大压力，甚至对项目整体的资金链造成严重影响。由于大型城市综合体都和城市发展规划紧密相关，项目不允许出现延期开业甚至失败的情况。通过对过往项目的经验进行总结，可以归纳出每个关键节点可能出现的高风险问题，以及对应的解决措施。同时，由于每个正在进行的项目都有明确的项目计划，这样就可以在某个项目进行到某个关键节点前，在系统中向项目总自动推送信息，提示该项目总：在未来几天后项目将进入哪个节点，根据之前诸多项目的经验，在该节点有几个可能遇到的坑点，并且根据之前的成功案例，对应提供几个"锦囊"，供其参考。

通过"有求必应"和"指点迷津"，大大提升了组织内部问题解决的效率。在学习平台推出的当年，平台的访问量、问题解答量都出现爆发性的增长，在新员工大量进入和业务多元化转型的过程中，降低了业务风险，支撑了组织能力的快速成长。图 6-4 是数字化业务赋能模型图。

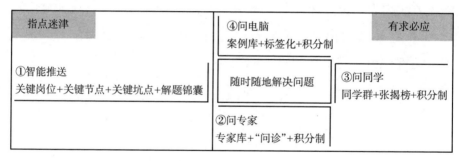

图 6-4　数字化业务赋能模型图

数字化赋能体系的变和不变

数字化赋能体系与传统培训模式相比，主要的变化有如下几个方面。

- 在理念上，从关注群体到关注个体。
- 在内容上，从系统化知识学习，到聚焦难题点的"碎片化"经验传递。

- 在机制上，从大咖为师到知者为师。

- 在方法上，从广播式到社群式。

- 在时效上，从定期学习到随时随地赋能。

- 在动力上，从要我学到我要学。

虽然有诸多变化，但不变的核心是业务导向。不管是以群体性、系统性组织能力提升为导向，还是以个性化问题解决为导向，都离不开以支撑业务战略目标的达成为出发点。不管是传统模式还是新模式，都不能是凭空冒出来一个想法，而是从业务、组织、员工的需求出发进行思考和创新，并在过程中不断倾听"客户"的声音，不断优化解决方案，而且最终是否成功，也必须由"市场"说了算（用的人多不多，客评好不好，用户是否愿意"复购"或者重复使用）。

数字化赋能体系的构建，并不是颠覆传统的培训和赋能模式。传统模式最大的优点是可以形成组织内系统化的知识体系，并和人才发展路径相匹配，有利于人才体系的持续成长，尤其在需要大规模赋能某种专项技能时，可以在短期内实施统一的专项赋能计划，进而提升组织整体在这一技能领域上的能力。数字化赋能则是通过使用大数据、人工智能、移动互联等技术，结合社群化运营的方式，形成组织内的网状学习模式，有利于解决个性化、即时性的问题。数字化赋能与传统培训模式相结合，可以兼顾长期的组织能力建设和短期的个体问题解决，更加高效地提升组织赋能的效率和效果，进而更好地降低业务风险，支撑业务发展。

未来，随着业务数字化和组织数字化的进一步发展，各类"信息"被解构为"数据"将更加普遍。举个简单的例子，以前我们用一段文字信息来描述某个岗位的"人才画像"，而未来这段文字"信息"中包含的诸多关键点可以被标签化，变成更小单元的人才特征"数据"项。这些关键的、定量或定性的数据，基本可以刻画出一个人才的全貌。而这些数据一旦和数字技术结合，就可以在人才的选、用、育、留、汰各方面进行更加精准的分析和应用，从而大大提升人力资源管理的科学性和效率。

数字化赋能核心要解决的是如何让知识传递更加精准和快捷，让员工可以随时随地获取到最需要的"锦囊妙计"，大而全的课程体系很难做到这一点，使用集体智慧共创、共建小而美的"锦囊库"才是关键。因此，在搭建数字化培训赋能体系时，最重要的工作还是内容建设。而内容建设应基于不同岗位的关键工作节点、关键场景、主要卡点这些属性来创建学习内容，再把这些颗粒度比较小的学习内容和员工的个性化学习需求进行匹配，进而实现在某个具体场景下端到端的个性化赋能活动。

未来，随着组织数字化建设的逐步深化，组织内的培训赋能体系也必然会引发更多新的讨论，激发更多新的思维，诞生更多新的模式。

结　语

　　达尔文说，那些能幸存的物种不是最强大和最聪明的物种，而是最能适应外部环境变化的物种。同样，那些未来能够存续的企业也并非最强大和最聪明的企业，而是最能适应外部环境变化的企业。其中，更有少数企业不仅幸存了下来，甚至因为突破了原来的业务边界而变得更加强大。

　　为什么同样的环境，不同的企业会有不同的结局？核心不在于原来做的有多成功，而是当环境变化时，企业是否有能力适应变化。

　　这种适应力首先表现为能否抱持一种开放、积极的心态，敢于主动改变；其次在于是否有一种自我校准和自我修正的机制，让企业能不断进化。与把事情做对相比，在事情做错时能及时纠正、找到出路更重要。

　　组织能否具备这种适应力的关键在于管理者。

　　管理者不仅要建立起对组织的系统思维，能够把握业务和组织并行发展、相互促进、互为因果的关系，还要在业务和组织循环式前进的过程中，不断补足组织自身的短板，增强组织面向未来的核心能力。

　　每一次组织策略的调整，每一个管理动作的改善，都是一次微小的组织进化。通过这种持续的优化迭代，让组织在复杂多变的环境中变得更加坚韧。

在《反脆弱》一书中，纳西姆·尼古拉斯·塔勒布说："当你寻求秩序，你得到的不过是表面的秩序，而当你拥抱随机性，你反而能把握秩序，掌控局面。"这正是今天企业组织所面对的基本现实。增强内功，拥抱不确定性，拥抱变化，反而能够得到更好的发展。

最后，祝愿所有的管理者都成为优秀的"组织官"，成就更好的组织！